Carl von Clausewitz

Der Feldzug von 1815 in Frankreich

Verlag
der
Wissenschaften

Carl von Clausewitz

Der Feldzug von 1815 in Frankreich

ISBN/EAN: 9783957001610

Auflage: 1

Erscheinungsjahr: 2014

Erscheinungsort: Norderstedt, Deutschland

Hergestellt in Europa, USA, Kanada, Australien, Japan
Verlag der Wissenschaften in Hansebooks GmbH, Norderstedt

Cover: Horace Vernet "Schlacht bei Friedland"

Der
Feldzug von 1815 in Frankreich.

Hinterlassenes Werk

Generals Carl von Clausewitz.

Zweite Auflage.

Berlin,
Ferd. Dümmler's Verlagsbuchhandlung
Harrwitz und Goßmann
1862.

Gift
Mrs. Anna Belle Karow
1912

Inhalt.

		Seite
1.	Streitkräfte der Franzosen. Bildung des stehenden Heeres	3
2.	Depots und armée extraordinaire	5
3.	Prahlerei Bonapartes in Betreff seiner Mittel	6
4.	Vertheilung des Heeres	8
5.	National-Garden	12
6.	Anfall der Verbündeten im April	13
7.	Vertheidigung	15
8.	Anfall auf Wellington und Blücher	19
9.	Streitkräfte der Verbündeten	20
10.	Gegenseitige Eintheilung und Aufstellung	22
11.	Betrachtungen über Wellingtons Aufstellung. Voraussetzungen, welche dabei gemacht werden müssen	24
12.	Kritik	29
13.	Aufstellung und Versammlung der preußischen Armee	30
14.	Gegenstand des französischen Angriffs	31
15.	Vereinigungspunkt der beiden verbündeten Heere	35
16.	Berechnung der Zeit zur Versammlung. Die preußische Armee	37
17.	Die Wellingtonsche Armee	39
18.	Betrachtungen	39
19.	Bonaparte versammelt sein Heer	40
20.	Blüchers Versammlung bei Sombreffe	42
21.	Wellingtons Versammlung	43
22.	Bonapartes Stoß ist auf Blücher gerichtet	44
23.	Gefecht bei Charleroy	47
24.	Verhältnisse am 16. Vormittags	51
25.	Die Schlacht von Ligny	53
26.	Blüchers Anordnungen	54
27.	Anordnungen auf der Fronte von Ligny	55
28.	Anordnungen auf der Fronte von Sombreffe	56

	Seite
29. Ankunft des Herzogs von Wellington	57
30. Bonapartes Angriffsplan	58
31. Kritische Erläuterung	60
32. Hauptmomente der Schlacht	66
33. Kritische Bemerkungen über die ganze Schlacht. Blücher	76
34. Bonaparte	81
35. Das Treffen bei Quatrebras	85
36. Betrachtung	87
37. Märsche am 17. Blücher	91
38. Wellington am 17. und 18.	97
39. Die Schlacht von Belle-Alliance. Wellingtons Aufstellung	98
40. Bonapartes Angriffsplan	100
41. Die Hauptmomente der Schlacht. Vertheidigung Wellingtons	102
42. Angriff der Preußen	107
44. Gefecht bei Wavre am 18. und 19. Grouchys Marsch	111
45. General Thielemanns Aufstellung	113
46. Grouchys Angriff am 18. und 19.	116
47. Gefecht von Namur	119
48. Betrachtungen über die Schlacht. Bonaparte	122
49. Die Verbündeten	144
50. Das Gefecht bei Wavre	145
51. Eine zweite Schlacht gegen Blücher	149
52. Folgen der Schlacht	155
53. Marsch auf Paris. Erstes Verfolgen	161
54. Marsch auf Paris. Kritische Betrachtung	169
55. Einrichtung des Marsches	173
56. Zustand von Paris	182
57. Vorrücken der übrigen Armeen in Frankreich	192
58. Die Eroberung der Festungen	193

Strategische Uebersicht
des Feldzugs von 1815.

1. Streitkräfte der Franzosen. Bildung des stehenden Heeres.

Das französische Heer war, als Ludwig der XVIII. Frankreich verließ, nach einigen Nachrichten 115,000 Mann stark. Bonaparte giebt die Anzahl der unter den Waffen Befindlichen nur zu 93,000 Mann an.

Am 1. Juni, also nach 10 Wochen, bestand die Mannschaft unter den Waffen bei der Armee aus 217,000 Mann. Die wirkliche Vermehrung betrug also, selbst wenn man die geringste Angabe der königlichen Armee für wahr hält, nur 124,000 Mann.

Zwar befanden sich nach Bonapartes Angabe am 1. Juni noch 150,000 Mann in den Depots, allein diese waren offenbar nicht organisirt; denn was nur einigermaßen brauchbar gewesen, hat er gewiß gleich auf den Kampfplatz gezogen.

An Menschen d. h. an fertigen Soldaten konnte es nicht fehlen, denn im Jahre 1814, als der Krieg endigte, bestand die französische Armee, wenn man, was Bonaparte noch disponibel hatte, die Armee in Spanien und gegen Wellington, die Truppen in Italien und den Niederlanden und die sämmtlichen Festungsbesatzungen zusammenzählt, gewiß noch aus 300,000 Mann. 100,000 Mann waren gewiß aus der Gefangenschaft zurückgekehrt, es läßt sich also übersehen, daß Bonaparte 1815 über 400,000 gediente Soldaten disponiren konnte.

Daß es nicht an Gewehren gefehlt habe, sieht man schon daraus, daß 150,000 Nationalgarden bewaffnet waren; auch scheinen die Anstalten, welche Bonaparte zur verstärkten Fabritation derselben traf, einen solchen Mangel kaum voraussetzen zu lassen. Eben so wenig dürfte die Voraussetzung, daß es im ersten Augenblick an baarem Gelde gefehlt habe, zulässig sein. Man muß also darauf zurückkommen, daß, auch abgesehen von der zur Ausbildung erforderlichen Zeit, die Ausrüstung einer bewaffneten Macht gewisse durch die Zeit bedingte Grenzen hat, die enger sind, als man es sich auf den ersten Blick vorstellt.

Auch Ende des Jahres 1813, als Bonaparte nach der Leipziger Schlacht sein Heer zertrümmert sah, betrug die Vermehrung desselben innerhalb 3 Monaten nur 150,000 Mann. Gehen wir noch weiter zurück, so finden wir, daß im Anfange 1813, als Bonaparte von dem in Rußland zu Grunde gerichteten Heere fast allein zurückkehrte, die Vermehrung der noch vorhandenen Streitkräfte bis zur Kündigung des Waffenstillstandes, also in 7 Monaten, nur etwa 200,000 Mann betrug. Alle diese Vermehrungen sind für die Bevölkerung und die Staatskräfte Frankreichs offenbar nur als gering anzusehen. Man muß sich also hüten, auch der energievollsten Regierung, und zu diesen konnte man die Bonapartische gewiß zählen, in diesem Punkt ein Vermögen zuzuschreiben, das in ungeheuren Zahlen ausschweift, die nur von der Volkszahl und dem Reichthum des Landes hergenommen sind. Anders ist es aber mit einer Landwehrbewaffnung, oder wie man es sonst nennen will, wohin die Beispiele der französischen Nationalbewaffnung von 1793 und 1794 gehören. Es ist bekannt, mit welchen überwältigenden Massen die Franzosen damals auftraten. Unser eigenes Beispiel zeigt etwas Aehnliches. Im Anfange des Jahres 1813 war unser stehendes Heer 30,000 Mann stark und zur Zeit der Eröffnung des Feldzuges in Sachsen etwa 70,000. Die Vermehrung betrug also in 3 Monaten 40,000. Dagegen betrug die Vermehrung bis Ende August in ungefähr 4 Monaten vermittelst der Landwehr ungefähr 150,000 Mann. Es ist gewiß, daß eine Centraladministration wie die eines stehenden Heeres doch merklich größere Schwierigkeiten hat, eine für die gegebene Zeit ungewöhnlich große Masse der Ausrüstungsbedürfnisse zu beschaffen, als über das ganze Land verbreitete Provinzialadministrationen, wenn sie gleichzeitig und von dem gehörigen Eifer belebt in Wirksamkeit treten. Ueberhaupt hat eine Landwehreinrichtung das Eigenthümliche, daß sie viel weniger enge und bestimmte Grenzen hat, als eine bloße Vermehrung des stehenden Heeres in Kriegszeiten, welche Form der letzteren auch gegeben werden möge.

2. Depots und armée extraordinaire.

Außer den 217,000 Mann, welche Bonaparte den 1. Juni unter den Waffen hatte, befanden sich seiner eigenen Angabe nach noch 150,000 Mann in den Depots. Wie viele davon in einzelnen Zeitabschnitten in das Heer einrücken konnten, sagt er nicht, und es scheint wohl, daß bis Mitte Juni, also zur Zeit der Entscheidung, davon noch nichts Namhaftes eingerückt war.

Ferner giebt er eine armée extraordinaire an, die aus 196,000 Mann, nämlich größtentheils Landwehren und Marinetruppen, bestehen sollte; sie war zur Besatzung der 90 festen Plätze bestimmt, die Frankreich hat. Ob diese 196,000 Mann unter den Waffen waren, weiß man nicht, er nennt sie effectiv; da er aber die 150,000 Mann in den Depots gleichfalls so nennt, so bleibt ganz ungewiß, was von jenen 196,000 wirklich unter den Waffen war.

Obgleich die Menge der festen Plätze große Massen von Truppen verschlingen mußte, so hat man doch, nach dem zu urtheilen, was wir beim Einrücken später an bewaffneter Macht angetroffen haben, gegründete Ursache, die Realität jener Zahlen zu bezweifeln. Nach ihnen hätten also außer den 217,000 Mann, welche an den Grenzen waren, mit Einschluß der im Depot befindlichen Leute noch 350,000 Mann in Frankreich vorhanden sein sollen. Nun waren aber von den 90 festen Plätzen gewiß eine große Menge entweder gar nicht oder nur äußerst schwach besetzt, was man schon aus Straßburg schließen kann, da sich

Rapp mit seinem ganzen Korps hineinwerfen mußte, um es vertheidigen zu können; ferner war die ganze französische Armee in Paris und in der Folge hinter der Loire nicht über 80,000 Mann stark, wovon wenigstens 40,000 Mann von Bonapartes Hauptarmee zurückgekommen waren, so daß die Verstärkungen nicht über 40,000 Mann betragen haben werden. Wir wollen hiermit nur darauf aufmerksam machen, daß, wenn Bonaparte sagt: „Ich hatte den 1. Juni 560,000 Mann unter den Waffen", man dies nicht als ein zu festes Datum betrachten muß. Hätte er die wirklich gehabt, so wäre es gewiß eine schlechte Oekonomie der Kräfte gewesen, zur Hauptentscheidung am 16. Juni nicht mehr als 126,000 Mann zu bringen. Fest steht nur, daß er 217,000 gegen den Feind hatte; was hinter der Armee und im Innern des Landes in den Festungen war, mag nicht unbedeutend gewesen sein, aber es war, wie der Erfolg bewiesen hat, nicht zureichend, um nach einer vollkommenen Niederlage noch einen sichern Anhalt zu geben.

3. Prahlerei Bonapartes in Betreff seiner Mittel.

Endlich behauptet Bonaparte noch, daß er bis zum 1. Oktober hin seine Macht bis auf 800,000 Mann gesteigert haben würde. Allein wenn man schon an den oben angegebenen Zahlen zum Theil zweifeln muß, so dürfte das noch mehr mit jenen 800,000 Mann der Fall sein, und es ist nicht zu verkennen, daß der Verfasser der Memoiren sich in einer pomphaften Aufzählung seiner riesenhaften Anstalten gefällt und hier wie an so vielen andern Stellen seiner Werke es mit der faktischen Wahrheit nicht genau nimmt. Bonaparte sowohl wie seine Verfechter unter den Schriftstellern haben immer das Bestreben gehabt, die großen Katastrophen, die ihn getroffen, als Werke des Zufalls zu betrachten, und den Leser glauben zu machen, daß durch die höchste Weisheit aller Combinationen und durch die seltenste Energie das Werk mit der größten Sicherheit so weit geführt worden sei, daß am vollkommensten Gelingen nur ein Haar breit fehlte, daß aber dann Verrätherei, Zufall oder auch wohl das Geschick, wie sie es zuweilen nennen, alles verdarb. Er und sie wollen nicht einräumen, daß große Fehler, großer Leichtsinn und vor allem ein Ueberschreiten und Ueberschrauben aller natürlichen Verhältnisse die Ursache davon gewesen.

Wenn wir uns dem Gesammteindruck der Umstände überlassen, so kommt uns Bonaparte in diesem Augenblick wie ein Güterspekulant vor, der sich für reicher giebt, als er ist. Er hatte nicht viel über einpaarmal hunderttausend Mann disponibel; er versuchte sein Glück damit; wäre es ihm gelungen damit die Coalition über den Haufen zu werfen oder wenigstens an die französische Grenze zu bannen, so würde er hinterher, weit entfernt, seine Macht zu vergrößern, die ganze Erbärmlichkeit der Anderen dadurch ins Licht gestellt haben, daß er durch eine unübertreffliche Kühnheit mit so wenigen Mitteln so Großes ausgerichtet. Jetzt da der Versuch nicht gelungen ist und es ganz das Ansehen hat, als wenn er unmöglich gelingen konnte, will er nicht wie ein Glücksritter erscheinen, sondern seine Anstalten riesenhaft und das französische Volk in den höchsten Anstrengungen einer ihm ergebenen Begeisterung zeigen. Das sind ganz natürliche Aeußerungen seiner großen Eitelkeit und sehr geringen Wahrheitsliebe, und diese Seiten seines Charakters machen denn, daß er als historischer Schriftsteller unendlich weit davon entfernt ist, den Werth für den Geschichtsforscher zu haben, durch welchen andere Feldherren in ihren Memoiren die Hauptautorität werden. Es ist aber keine unnütze Betrachtung, bei der wir hier verweilen, denn das Urtheil über die strategischen Verhältnisse dieses Feldzugs wird ein ganz anderes sein, wenn man wirklich glauben kann, daß Bonaparte des französischen Volkes sicher genug war und in allen seinen vorbereitenden Einrichtungen glücklich genug, um zu solchen Resultaten zu gelangen, wie er sie selbst aufstellt: um nach 3 Monaten 800,000 Mann unter den Waffen zu haben, mit allen Ausrüstungsgegenständen reichlich versorgt; Paris und Lyon befestigt, jenes mit 116,000 Mann und 800 Kanonen, das letztere mit 25,000 Mann und 300

Kanonen besetzt. Wenn ihm die Verbündeten nun auch wirklich nicht die drei Monate, nämlich Juli, August und September, Zeit ließen, um dieses Werk zu vollenden, so würde er sich doch mit jedem Monate diesem großen Ziele genähert haben, und es ließe sich dann wohl übersehen, daß die Verbündeten, wenn sie im Juli gegen Paris vorgerückt wären, schon auf Vertheidigungskräfte gestoßen sein würden, die in Verbindung mit der Schwächung, welche jeder strategische Angriff durch die Sicherung des erforderlichen Kriegstheaters erleidet, hinreichend gewesen wären, das Unternehmen zum Stehen zu bringen und so nach und nach die Mitwirkung des ganzen Volks herbeizuführen. Das würde natürlich den Franzosen eine viel größere Wahrscheinlichkeit des Erfolgs gegeben haben, als sie bei der von Bonaparte unternommenen Offensive hatten. Sind aber alle jene Zahlenzusammenstellungen Bonapartes mehr oder weniger Prahlereien, war es hauptsächlich nur das Heer von 217,000 Mann, dem er das Heil seiner neuen Laufbahn anvertrauen mußte: dann war vielleicht diese Offensive so sehr das einzige Mittel zum Widerstande, daß von einem anderen gar nicht die Rede sein konnte.

4. Vertheilung des Heeres.

Die 217,000 Mann des Heeres, welche Bonaparte Anfangs Juni unter den Waffen hatte, waren in 7 Armeekorps, ein Gardekorps, vier Observationskorps und ein Armeekorps für die Vendée getheilt und bildeten nach ihrer Aufstellung ungefähr folgende Massen:

1. Die Hauptarmee gegen die Niederlande   130,000 M.
    die Garden und 5 Korps.
2. Am Ober-Rhein:
   a) bei Straßburg unter Rapp 20,000 M.
     das fünfte Korps;

                    Latus 20,000 M.   130,000 M.

Transport	20,000 M.	130,000 M.
b) bei Hüningen unter Le Courbe das erste Observations-Korps.	5,000	
		25,000
3. Gegen Italien:		
a) bei Chambery unter Suchet das siebente Armeekorps;	16,000 M.	
b) in der Provence unter Brune das zweite Observations-Korps.	6,000	
		22,000
4. Gegen Spanien:		
a) bei Toulouse unter Decaen das dritte Observations-Korps;	4,000 M.	
b) bei Bordeaux unter Clauzel	4,000	
		8,000
5. In der Vendée unter Lamarque		25,000
Summe		210,000 M.

was nicht ganz mit der Zahl von 217,000 Mann übereinstimmt, aber doch nicht bedeutend abweicht.

Ursprünglich sollte die Armee gegen die Niederlande noch um 20,000 Mann stärker werden, die bei der dringenden Gefahr, welche sich in der Vendée zeigte, dorthin geschickt wurden.

Allerdings hatte Bonaparte auf diese Weise seine Kraft in einem hohen Grade gegen Blücher und Wellington vereinigt, denn er stellte gegen die 220,000 Mann verbündeter Truppen, die sich auf dieser Seite gegen ihn befanden und die etwa ein Drittel der ganzen feindlichen Macht betrugen, 130,000 Mann, d. h. mehr als $\frac{2}{3}$ von derjenigen Macht entgegen, welche er überhaupt an den Grenzen aufzustellen hatte. Nichtsdestoweniger ist man versucht zu sagen, daß er, welcher gerade in dem Sammeln der Kräfte auf dem entscheidenden Punkte ein so großer Meister war, hier seine Kräfte zersplittert hatte. Die Truppenmassen am Ober=Rhein, gegen Italien und gegen Spanien waren offenbar nicht geeignet, auch nur an eine Scheinvertheidigung des Flusses und der Gebirge zu denken, welche sie vor sich hatten; für die bloßen Besatzungen der festen Plätze aber waren sie vielleicht nicht ganz unentbehrlich, und denkt man sich, daß er von diesen 55,000 Mann, indem er das freie Feld von Hause aus aufgab, vielleicht 20= bis 30,000 Mann noch zur Verstärkung der großen Armee hätte gewinnen können: so erscheint es als ein großer Fehler, die Sammlung der Kräfte auf dem entscheidenden Punkte nicht bis auf diesen äußersten Grad getrieben zu haben, denn in einer Lage wie die seinige mußte dies geradezu als das einzige Rettungsmittel erscheinen. Daß 20= bis 30,000 Mann mehr in den Schlachten am 16. und 18. Juni sehr entscheidend werden konnten, ist wohl nicht zweifelhaft, wenn man auch nicht geradezu annehmen kann, daß damit der Sieg für die Franzosen unzweifelhaft gewesen wäre.

Allein man sieht sich doch genöthigt ein solches Urtheil zurückzunehmen, wenn man sich genau auf den Standpunkt versetzt, auf welchem Bonaparte bei Einrichtung und Aufstellung seiner Streitkräfte war; so wie es denn bei aller strategischen Kritik immer die Hauptsache, aber freilich oft sehr schwierig ist, sich genau auf den Standpunkt des Handelnden zu versetzen. Die große Mehrheit der strategischen Kritiken würde zum Theil ganz verschwinden, zum Theil zu sehr feinen Distinktionen des Verstandes zusammenschrumpfen, wenn die Schriftsteller sich so in alle Verhältnisse hineindenken wollten oder könnten.

Als Bonaparte sich zum Widerstande gegen ganz Europa einrichtete, mußte er natürlich auf eine Vertheidigung aller seiner Grenzen denken; er stellte deshalb gegen Süddeutschland, Italien und Spanien kleinere Massen seines stehenden Heeres wie einen Kern hin, an den sich die neuen Bewaffnungen anschließen sollten; es waren die Cadres der Korps, welche er hier zu bilden gedachte. In der Zeit, als er dieses anordnete, konnte er unmöglich vorhersehen, in welcher Woche gerade die Angelegenheiten zum Ausbruch der Feindseligkeiten von der einen oder anderen Seite reif sein und wie weit in dem Augenblick seine verschiedenen Bewaffnungsmaßregeln geführt haben würden. Wenn er auch im Allgemeinen vorhersehen konnte, daß seine Anstalten ihn niemals so weit bringen würden, am Ober-Rhein, wo er die feindliche Hauptmasse zu erwarten hatte, eine Macht aufzustellen, die einigermaßen damit in Verhältniß stehe, so konnte er doch wohl meinen durch ein ansehnliches Korps wenigstens die ersten gewöhnlichen Zögerungen, Unsicherheiten und Vorsichtsmaßregeln bei Eröffnung der Scene zu veranlassen, welche immer Zeitgewinn bringen, das Vorschreiten selbst aber, wenn es erfolgte, in seiner Geschwindigkeit zu mäßigen, um Zeit zu haben, mit seiner siegreichen Hauptarmee aus den Niederlanden herbei zu eilen. Daß er sich die Sache so gedacht hat, ist keine bloße Voraussetzung, sondern geht aus den Memoiren hervor. Es ist aber ein großer Unterschied, ob eine Grenze ganz von Truppen, die das Feld halten sollen, entblößt ist oder nicht, besonders wenn Flüsse und Gebirge ein Hinderniß des Angriffs bilden, wie hier die Vogesen, der Rhein, der Jura, die Alpen und Pyrenäen. Steht in einer Provinz gar nichts, so ist der unentschlossenste, schwerfälligste Gegner, selbst das hundertköpfige Hauptquartier eines Bundesheeres, gewissermaßen zum Vorschreiten gezwungen, statt daß bei dem Gegner nur eine gewisse Daunsche Behutsamkeit erfordert wird, um mit der kleinsten Macht bedeutende Zögerungen und Unentschlossenheiten herbeizuführen.

Ferner konnte Bonaparte nicht daran denken, die östlichen Grenzen seines Reiches ganz von Truppen zu entblößen, des Eindrucks wegen, den es auf das französische Volk gemacht haben würde. Er schien dadurch das halbe Reich preiszugeben und verrieth die ganze Dürftigkeit und Unsicherheit seiner Lage; das aber mußte auf die politischen Parteien im Lande sowohl, als auf die Resultate der Bewaffnung höchst nachtheilig zurückwirken. Ja man kann wohl sagen, daß er selbst gegen die Möglichkeit einer royalistischen Bewaffnung in den meisten dieser Provinzen Truppen haben mußte. Endlich kann man nicht unbemerkt lassen, daß dem ursprünglichen Plane nach die Hauptarmee wirklich 20,000 Mann stärker werden sollte, und daß nur die in der Vendée eingetretenen drohenden Umstände Bonaparte zwangen, einen Theil der dahin bestimmten Truppen an der Loire umkehren zu lassen.

Als Mitte Juni die Verhältnisse sich so gestaltet hatten, daß er in den Niederlanden auf eine Macht von 220,000 unter Blücher und Wellington stieß, gegen welche 130,000 allerdings keine erträgliche Wahrscheinlichkeit eines guten Erfolgs gaben; daß er am Ober-Rhein mit Einschluß von 16 Bataillons Nationalgarden, die er zu Rapp stoßen ließ, doch nur einige 30,000 Mann der großen Schwarzenbergschen Armee entgegenstellen konnte: — da wird Bonaparte wohl gewünscht haben, die doch überall unzulängliche Macht an den anderen Grenzen lieber ganz auflösen zu können, um sich in den Niederlanden mehr Wahrscheinlichkeit, oder noch besser: völlige Sicherheit des Erfolgs zu geben, aber im letzten Augenblick ließ sich das alles nicht mehr ändern, und er mußte also schon sein Glück mit den 130,000 Mann versuchen, die er an der Nordgrenze hatte.

5. National-Garden.

Die eigentliche Volksbewaffnung, d. h. die Errichtung der Nationalgarden, verdient noch eine nähere Erwähnung.

Im April hatte Bonaparte die Idee einer ganz allgemeinen Bewaffnung aller männlichen Einwohner zwischen dem zwanzigsten und sechzigsten Jahre in mehr als 3000 Nationalbataillonen, was über zwei Millionen Streiter gegeben haben würde.

Dieser riesenhafte Gedanke war unstreitig wenig gediegen. Es gehörten dazu drei Hauptsachen: Einheit des Volks, eine enthusiastische Energie derer, die es wirklich gut mit ihm meinten, und die erforderlichen Ausrüstungsmittel. Man braucht nicht viel Worte zu machen, um fühlen zu lassen, daß von diesen drei Hauptsachen die erste gar nicht vorhanden war, die zweite gewiß nicht in gehörigem Maße, und daß die dritte noch viel weiter hinter einer so ausschweifenden Forderung zurückblieb.

Aber nicht blos diese Ausdehnung der Bewaffnung, die wir zu den völligen Illusionen zählen können, sondern überhaupt eine allgemeinere Volksbewaffnung lag nicht in den Umständen; das fühlte Bonaparte auf das Allerbestimmteste, und er räumt es förmlich ein, indem er von der Nothwendigkeit spricht, die Pariser 44,000 Mann starke Nationalgarde auf 8,000 herunter zu setzen und dafür die 15,000 Tirailleure der Pariser Vorstädte auf 60,000 zu vermehren. Der Zustand der Vendee und des Südens zeigte es übrigens auf das Deutlichste, daß auf die Mitwirkung dieser Departements nicht zu zählen sei, ja selbst den nördlichen Departements schreibt Bonaparte einen schlechten, unzuverlässigen Geist zu.

Die Folge war also, daß er seine ganze Nationalbewaffnung auf 248 bataillons d'élite beschränkte, die eine summarische Stärke von 150,000 Mann hatten.

Von diesen wurden zur Verstärkung des Generals Rapp 16 Bataillone, zur Verstärkung des Generals Suchet in der Dauphiné 16 Bataillone und endlich nach Bordeaux und Toulouse einige 20,000 Mann geschickt, so daß man etwa 40,000 Mann der Nationalgarde im Felde mit verwendet sieht. Es blieben also etwa 110,000 Mann Nationalgarden übrig, welche mit den Marinetruppen, den Veteranen und den freiwillig wieder eingetretenen militaires retirés (größtentheils Offiziere und Unteroffiziere), endlich mit den Depots gemeinschaftlich die Festungsbesatzungen und überhaupt diejenigen Streitkräfte ausmachten, die sich im Innern des Landes fanden.

6. Anfall der Verbündeten im April.

Bonaparte fragt sich selbst, ob er am 1. April schon mit den damals disponibeln Truppen über die in Belgien und am Rhein befindlichen Verbündeten hätte herfallen können und sollen. Drei Gründe, sagt er, bestimmten ihn diesen Gedanken aufzugeben.

1) Er hatte im Norden überhaupt nur 35,000 Mann dis-

ponibel, und um mit diesen in Belgien einbrechen zu können, mußte er die sämmtlichen Plätze der nördlichen Provinzen entblößen. Diese aber waren von einem zu schlechten Geiste, um sie sich selbst überlassen zu können.
2) Er wollte nicht als Aggressor erscheinen.
3) Die Bourbons waren im Süden und Westen noch mit Anregung des Volks zum Widerstande beschäftigt; es schien ihm vor allen Dingen nöthig, diese Prinzen erst zu zwingen den französischen Boden zu verlassen und den inneren Krieg im Keim zu ersticken.

Wenn der zweite dieser Gründe in der Lage Bonapartes auch als eine Illusion, als eine Art von Anmaßung auf die Natur rechtlicher Verhältnisse erscheint, so sind doch die beiden anderen Gründe schon sehr entscheidend.

Wenn man aber einen solchen unzeitigen Angriff, von welchem man viel gesprochen hat als von einer Hauptversäumniß, aus dem Standpunkte der Verbündeten beurtheilt, so kann man noch weniger glauben, daß er gute Früchte gebracht hätte.

Zur Zeit des 1. April war die englisch=hannöversche Armee unter dem Prinzen von Oranien 20,000, die preußische unter dem General Kleist 50,000 Mann stark. In den ersten Tagen des April kam Wellington von Wien an, und auf die Möglichkeit dieser Ankunft mußte Bonaparte doch rechnen. 70,000 Mann unter Wellington und Kleist hätten durch 35,000 Mann unter Bonaparte in manche Verlegenheiten gesetzt werden können, aber es ist eine ganz unmotivirte Annahme, zu glauben, daß er ihnen nothwendig eine Hauptniederlage beigebracht, sie zertrümmert haben würde, vielmehr ist dies das Unwahrscheinlichste von allem, was sich zutragen konnte. Hätten aber Bonapartes Vortheile gegen diese beiden Feldherrn nur darin bestanden, daß sie ihm ein Stück der Niederlande hätten räumen müssen, so war das kein Resultat, das auf irgend eine Weise entscheiden konnte. Selbst das Zufallen der Belgier, wenn es auch ganz so unzweifelhaft gewesen wäre, als Bonaparte glaubt, würde in die Wagschale seiner allgemeinen Verhältnisse kein großes Gewicht gelegt haben.

Nichts ist in der Strategie so wichtig, als diejenigen Kräfte, mit welchen man einen Stoß verrichten will, nicht vergeblich zu brauchen, also nicht einen Lufthieb zu thun. So würde man aber die Unternehmung gegen Wellington und Kleist, wenn sie wirklich glücklich gewesen wäre, einigermaßen haben ansehen müssen.

Freilich wenn man nur an das Verhältniß von 35 zu 70 denkt, in welchem die Streitkräfte hier erscheinen, so dürfte für Bonaparte in keiner der späteren Perioden ein vortheilhafteres zu erwarten gewesen sein. Aber es kommt ja nicht blos auf die Wahrscheinlichkeit eines Sieges an, sondern auch auf das Gewicht desselben. Nun ist aber klar, daß der Sieg über $\frac{1}{10}$ der feindlichen Macht nicht von solcher Entscheidung sein kann, wie der über $\frac{1}{3}$. Wenn nun aber schon ein Sieg über dieses Drittheil (die Schlacht von Bellealliance als gewonnen angenommen) es noch sehr zweifelhaft ließ, ob Bonaparte nicht erliegen werde, so läßt sich nicht einsehen, wie sich aus einem so unbedeutenden Erfolge, wie dieser erste gegen Wellington und Kleist gewesen wäre, wichtige Resultate hätten entspinnen sollen.

Bonaparte verwarf also wohl mit großem Recht den Gedanken, gleich im ersten Augenblick über die Verbündeten herzufallen, um einen Zeitpunkt abzuwarten, wo sich eine Macht gegen ihn aufgestellt haben würde, die zu besiegen der Mühe werth wäre.

7. Vertheidigung.

Bonaparte stellt sich ferner selbst die Frage, ob er auf der Vertheidigung beharren oder durch einen Angriff auf einen Theil der Verbündeten, ehe alles noch beisammen war, sich in einen großen Vortheil setzen sollte, von dem er nachher gewissermaßen zehren konnte.

Wie gut er auch von seinen Bewaffnungsanstalten denken

mochte, er sah voraus, daß, ehe er diese beendigen könnte, eine ungeheure Uebermacht gegen ihn anrücken würde. Er selbst glaubt, daß 600,000 Mann gegen ihn auftreten werden; es traten aber wirklich zwischen 6= und 700,000 auf; vergleicht man diese mit 200,000, die er im Felde hatte, und rechnet zu diesen noch 50,000, die in denjenigen Festungen mitwirkten, mit welchen die Feinde in Berührung kamen, so bleibt immer ein Uebergewicht, vor dem auch wohl ein Bonaparte sich zu fürchten Ursache hatte.

Unter diesen Umständen mußte der erste Gedanke der an die Vertheidigung sein, und zwar eine Vertheidigung, bei welcher er sich in das Innere des Landes, auf der einen Seite nach Paris, auf der anderen nach Lyon zurückzog, also eine Vertheidigung, welche in hohem Grade gesteigert war, indem ein großer Theil des französischen Kriegstheaters, eine Menge fester Plätze, und namentlich Paris und Lyon, jenes mit 116,000, dieses mit 25,000 Mann besetzt, in Wirksamkeit kamen.

Die unendlich wichtigen Vortheile einer solchen Widerstandsform wären gewesen:

1) Zeitgewinn; die Hauptschläge erfolgten vielleicht 4, 6 oder 8 Wochen später, weil man nie berechnen kann, wie viel Zeit eine unentschlossene Heerführung verliert.
2) Die Schwächung der feindlichen Macht durch Mitwirkung des Kriegstheaters, indem eine Menge von Festungen eingeschlossen und eine Menge von Straßen durch Garnisonen gesichert werden mußten.
3) Die sich nach und nach entwickelnde Theilnahme des französischen Volks, welche zu einem wahren Insurrektionskriege werden konnte.

Diese drei Dinge, welche die wesentlichen Vortheile jeder strategischen Landesvertheidigung bilden, und die in ihren Wirkungen gesteigert werden, je weiter die Vertheidigung in das Innere des Landes zurück verlegt werden kann, giebt Bonaparte selbst als die vorzüglichsten Gründe an, welche für die Vertheidigung gesprochen hätten. Und diese Gründe würden so über=

wiegend sein, daß gar nicht von einer anderen Widerstandsform hätte die Rede sein können, wenn die stillschweigende Voraussetzung, welche dabei gemacht wird, wahr gewesen wäre.

Diese Voraussetzung ist ein treues, ergebenes, ungetheiltes, bereitwilliges Volk. Daran aber war nicht zu denken; denn so sehr sich im Jahre 1815 die Bonapartische Partei verstärkt fand, so war sie doch nichts als eine Partei, der eine königliche und eine republikanische gegenüber standen. Wenn man auch zugiebt, daß die letztere der seinigen mehr zur Seite als entgegen stand, so blieben es doch immer zwei getrennte Elemente.

Dadurch würde also der ganze Beistand des Volkes in regelmäßigen und unregelmäßigen Mitwirkungen geschwächt worden sein, es wäre in den Länderstrichen, die die Verbündeten eingenommen hätten, gleich eine politische Partei entstanden, die ein Gegengewicht gebildet hätte, und der Vertheidiger, anstatt bei sich recht zu Hause, recht in seiner Stärke und Bequemlichkeit zu sein, würde sich in einer ungewissen Lage, **halb und halb wie in fremdem Lande** befunden haben.

Ein Gegenstand aber, der besonders berücksichtigt werden muß, ist die Hauptstadt. Jede Hauptstadt hat ein großes strategisches Gewicht, aber die eine mehr als die andere; diejenige mehr, welche den Begriff der Hauptstadt stärker in sich vereinigt, und diejenige am meisten, die der Knoten politischer Parteiungen ist. Dies war der Fall mit Paris; aus diesem Grunde also mußte Paris von Bonaparte um jeden Preis erhalten werden, deshalb drehte sich auch sein ganzes strategisches Werk um diesen Stützpunkt. Nun hatte Bonaparte zwar an eine Befestigung und Vertheidigung von Paris gedacht; allein dieses riesenhafte Werk ging doch völlig ins Illusorische, sobald er nicht auf die ungetheilte Mitwirkung seiner Bewohner rechnen konnte; daß er dies nicht konnte, beweist die Absicht, die Pariser Nationalgarde zu entwaffnen und eine andere, aus gemeinen Volksklassen gebildete an ihre Stelle zu setzen, und wenn er nicht den Muth hatte, diesen Plan auszuführen, so beweist dies wohl, wie sehr er den Theil der Pariser Einwohner, die ihm nicht ganz

ergeben waren, fürchtete. Der Widerstand, welchen Bonaparte
in den Kammern fand, spricht die ganze politische Unsicherheit
seiner Lage in Beziehung auf Frankreich selbst hinreichend aus. —
So lange er nichts forderte, als die mehr indirekt wirkenden
Anstrengungen einer verstärkten Heeresbewaffnung, so lange er
den Krieg auf fremdem Boden oder auch an der Grenze mit
mehr oder weniger Glück führte, so lange konnten seine unsichern
Verhältnisse genügen und die Präponderanz seines Geistes und
seines Glücks vorhalten; so wie aber so allgemeine, großartige,
unmittelbare Anstrengungen nothwendig geworden wären, wie
sie in der Natur eines im Innern des Landes geführten Ver=
theidigungskrieges liegen, so konnten die zweifelhaften Verhält=
nisse Bonapartes zu Frankreich sich nicht mehr tüchtig genug
zeigen, — das Instrument würde sich mitten im Gebrauch ge=
spalten haben.

Dies alles fühlte Bonaparte durch; denn wenn er es in
seinen Memoiren nicht ausdrücklich sagt, so ist der Wunsch, als
Abgott des französischen Volkes dazustehen, hiervon die einzige
Ursache; nichtsdestoweniger ist er doch gezwungen, von dem
Widerstande der westlichen Provinzen und von dem unsicheren
Geiste der nördlichen zu sprechen.

In einer solchen Lage also mußte Bonaparte die Rolle
eines Vertheidigers, eines Alexander von Rußland nicht für
sich geeignet halten, viel eher die eines Alexander von Mace=
donien, und darum zog er es vor, an der Spitze eines ausge=
wählten Heeres sein Schicksal lieber den augenblicklichen Ein=
gebungen seines Talentes in großen Wagnissen, seinem Glücks=
sterne anzuvertrauen, als auf die Mitwirkung allgemein durch=
greifender Verhältnisse zu rechnen, in Betracht deren er kein
gutes Gewissen hatte.

Solche Betrachtungen mußten hier mehr entscheiden, als
eine bloße Vorliebe für den Angriff; diese kann einen Heer=
führer in kleineren, weniger entscheidenden, nicht die ganze Exi=
stenz umfassenden Verhältnissen leiten, aber sie kommt nicht mehr
in Betracht, wenn von Gründen einer viel höheren, umfassen=

deren Ordnung die Rede ist. Es giebt wohl keinen Feldherrn, der um seiner und seines Heeres willen dem Angriff einen so entscheidenden Vorzug gegeben hätte, wie Friedrich der Große; nichtsdestoweniger hat er 1761 das Lager von Bunzelwitz bezogen, als seine Verhältnisse ihn nöthigten, alles vom Abwarten zu hoffen.

8. Anfall auf Wellington und Blücher.

Ehe die Russen heran waren und ehe die große Armee am Ober-Rhein gebildet war, fand sich schon eine Macht der Verbündeten in den Niederlanden und am Nieder-Rhein zu bekämpfen. Sie war bedeutend genug, um von einem entscheidenden Siege über dieselbe einen großen Nutzen für seine allgemeinen Angelegenheiten zu ziehen, und nicht so groß, daß er an einem glücklichen Erfolge gegen sie verzweifelte. Bonaparte konnte und wollte den Krieg gegen diese Macht anfangen, ehe die anderen seine Grenzen betreten hätten. Er wählte den letzten Augenblick, als Schwarzenberg schon ziemlich versammelt war und die Russen nur noch etwa 14 Märsche entfernt. Wahrscheinlich schob er den Angriff so lange auf, weil ihm in den letzten Tagen die meisten Kräfte erst zuwuchsen, denn sonst wäre es ungleich vortheilhafter gewesen, etwas früher anzufangen, um Zeit zu haben, diese Macht am Nieder-Rhein völlig zu zertrümmern, ehe die anderen anfingen einzuwirken.

Die Hauptidee also, welche Bonaparte dem Feldzuge zu Grunde legte, war: mit einem Angriff gegen die verbündete Armee in Belgien und an der Maas loszubrechen, weil diese am frühesten vorhanden und also am frühesten zu bekämpfen, weil sie die nächste, also am ersten zu erreichen, weil sie von den unternehmendsten Feldherren befehligt, also die furchtbarste war; darum versammelte er, wie wir gesehen haben, gegen dieselbe einen ganz unverhältnißmäßigen Theil seiner Truppen. Gewiß konnte er nichts Besseres thun, gewiß war dies der einzige Weg, in seiner unendlich schwierigen, höchst prekären Lage wieder zu einem festen Stande zu kommen. Nur wenn er durch einen glänzenden Sieg über Blücher und Wellington, die beiden Feldherren, in welche die verbündeten Fürsten ihr Vertrauen hauptsächlich setzten, durch eine Zertrümmerung ihrer Heere einen Schlag that, der Frankreich in Verwunderung, die Verbündeten in Bestürzung und Europa in Erstaunen setzte: — nur dann konnte er hoffen, Zeit zu gewinnen und sich noch auf ein Paar Stufen der Macht höher hinaufzuschwingen, um seinen Gegnern ferner gewachsen zu sein. Errang er diesen Sieg nicht, oder ließen sich die Verbündeten dadurch nicht von dem unverzüglichen Einbruch in Frankreich abschrecken, so war es ihm unmöglich, sich vor einem zweiten Untergange zu retten.

9. Streitkräfte der Verbündeten.

Die Streitkräfte, welche die Verbündeten gegen Bonaparte in Bewegung setzten, waren in der ersten Hälfte des Juni von folgender Stärke und Vertheilung.

1) Die niederländische Armee.
Wellington in Belgien   100,000 M.
bestehend aus den englischen, hannöverschen, niederländischen, braunschweigschen und nassauschen Truppen.

Blücher an der Maas   115,000
Bundestruppen an der Mosel   20,000 =
                      Summe 235,000 M.

2) Die russische Armee im Marsch gegen den Mittel-Rhein   140,000

3) Die österreichische Armee mit den süddeutschen Bundestruppen am Ober-Rhein   230,000

4) Die Oesterreicher und Sardinier in Italien   60,000 =
                      Summe 665,000 M.

Gegen diese Masse hatten die Franzosen

etwa vom stehenden Heere	180,000 M.
von den Nationalgarden	15,000
Zusammen im Felde	195,000 M.

Rechnet man von den Festungsbesatzungen, welche im Laufe des Feldzuges als mitwirkend in Betracht kommen konnten, noch 80,000 Mann hinzu, so sollten sie mit 275,000 Mann den 665,000 das Gleichgewicht halten, oder vielmehr sie siegreich bekämpfen. Aber es waren allein an preußischen Truppen noch 100,000 Mann in Anmarsch, nämlich die Garden, das fünfte und sechste Korps und mehrere zu den anderen vier Korps gehörige Regimenter. Außerdem mußten später die neapolitanischen und dänischen Truppen, so wie die Resultate der in Deutschland fortgehenden Bildung neuer Korps, z. B. des siebenten preußischen in Westphalen, in Rechnung kommen. Einer solchen Uebermacht Meister zu werden, dazu gehörte ein halbes Wunder, und was Bonaparte in den Memoiren zum Beweis der Möglichkeit aus dem Feldzuge von 1814 anführt, ist eine bloße Sophisterei. Die Erfolge, welche er im Februar 1814 gegen die Verbündeten erhielt, waren weder taktische Erfolge gegen einen zwei- und dreifach überlegenen Feind, denn er schlug die Korps einzeln und war in dem Gefecht ihnen entweder überlegen an Zahl oder doch ziemlich gewachsen, noch war es ein allgemein strategischer Erfolg gegen das Ganze, denn der Feldzug endigte ja mit seinem Falle. Es waren Erfolge gut angelegter strategischer Combinationen und einer großen Energie, die aber eben dadurch, daß sie mit ihren vortrefflichen Resultaten das Ganze nicht zu seinem Vortheil wenden konnten, genug bewiesen haben, wie unüberwindlich die Schwierigkeiten eines gewissen Mißverhältnisses der Macht werden können.

Wir wollen hiermit keineswegs behaupten, daß ein glücklicher Ausgang des Krieges für Bonaparte unmöglich gewesen wäre, sondern nur sagen, daß in unsern Kriegen zwischen gebildeten Völkern, wo die Streitkräfte und die Methoden ihres

Gebrauchs nicht mehr so verschieden sind, Zahlenverhältnisse allerdings viel mehr entscheiden, als man ihnen sonst wohl eingeräumt hat, und daß die hier aufgestellten nach aller theoretischen und historischen Wahrscheinlichkeit die Wendung des Krieges schon im Voraus bestimmten.

10. Gegenseitige Eintheilung und Aufstellung.

Die französische Hauptarmee hatte Anfangs Juni folgende Eintheilung und Aufstellung:

Erstes Korps	Erlon bei Lille	. . . .	22,000 M.
Zweites =	Reille bei Valenciennes	.	24,000 =
Drittes =	Vandamme bei Mezières	.	17,000 =
Viertes =	Gérard bei Thionville	. .	16,000 =
Sechstes =	Lobau bei Laon	. . . .	14,000 =
Die Garden	Mortier in Paris	. . .	21,000 =
Die 4 Kavalleriereservekorps		. . .	15,000 =
		Summe	129,000 M.

Die verbündete Hauptarmee, welche dieser französischen gegenüberstand, hatte folgende Eintheilung und Aufstellung:

1. Wellington.

{ Zweites Korps, welches aber auf dem rechten Flügel stand.
General Hill bestand aus:
    der engl. Division Clinton 6,800 M.
    = = = Colville 6,700 =
Prinz Friedrich der Niederlande:
    niederländ. Brigade Anthing 3,700 =
    = Division Stedtmann . . . . . . 6,600 =
                Latus . . . 23,800 M.

(Von Audenarde bis Ath. (Die Div. Colville hat aber eine Brigade unter General Johnston in Nieuport.))

Transport 23,800 M.

{ Von Ath bis Nivelles. }
Erstes Korps, Prinz von Oranien
  oder linker Flügel:
  die englische Division Cook 4,100 M.
    =   =   =   Alten 6,700 =
  die zweite niederländ. Division
    Perponcher . . . . . 8,000 =
  die erste niederländ. Division
    Chassé . . . . . . 6,900 =
  die niederländ. Kavallerie-Di-
    vision Collaert . . . 3,700 =
                              ─────────
                              29,400 M.

Reserve unter unmittelbarem Befehl
  des Herzogs von Wellington:

{ In und um Brüssel. }
  die englische Division Picton 7,000 M.
    =   =   Brig. Lambert ⎫
  eine hannöv. Brigade Land-   ⎬ 4,800 =
    wehr   ⎭
  die hannöv. Landwehr-Div.
    unter Gen. Decken*) . 9,300 =

{ Brüssel. }
  das Korps des Herzogs von
    Braunschweig . . . . 6,800 =
  die nassauschen Truppen . 2,900 =

{ Von Gent über Ninove nach Mons. }
  die Reservekavallerie unter
    Lord Uxbridge . . 9,800 =
                              ─────────
                              40,600 M.

Summe der Wellingtonschen Armee 99,000 M.

2. Preußische Armee unter Blücher:
  das erste Korps General Ziethen
    bei Charleroy 27,000 M.
   = zweite = General Pirch
    bei Namur . . 29,000 =
                  ─────────
    Latus 56,000 M. 99,000 M.

---

*) Sie war wohl zu Besatzungen von Ostende, Ypern, Antwerpen und Mecheln verwendet.

```
                    Transport  56,000 M.   99,000 M.
       das dritte Korps Thielemann bei
                    Ciney   .  .   24,000  =
     =  vierte   =  Bülow bei
                    Lüttich .  .   35,000  =
                              Summe  115,000 M.
```
3. Die norddeutschen Bundestruppen unter
   General Hake bei Trier . . . . . . 20,000 =
                              Summe 234,000 M.

11. Betrachtungen über Wellingtons Aufstellung. Voraussetzungen, welche dabei gemacht werden müssen.

Um aus dieser gegenseitigen Aufstellung ein klares und lehrreiches Resultat zu ziehen, müßte man viel mehr Data haben, als uns vorliegen. Keiner der historischen Schriftsteller, die bis jetzt über diesen Feldzug geschrieben haben, hat es nöthig gefunden, nach diesen Daten zu forschen, und alles, was wir haben, ist, so viel es die eigentlichen strategischen Verhältnisse des Feldzugs betrifft, nämlich die genaue Darlegung der wesentlichen Umstände vor den beiden Schlachten, eben so fragmentarisch und dürftig, wie wir es nur von irgend einem Feldzuge des siebzehnten Jahrhunderts haben.

Die Hauptgegenstände, auf welche es ankommt, sind:

1. Eine authentische und vollständige Schlachtordnung der Wellingtonschen Armee, aus welcher man die Bestimmung der Truppen und die Eintheilung des Befehls gehörig entnehmen könnte. In der, welche wir gegeben haben, ist z. B. die hannöversche Landwehrreserve unter General Decken zur Hauptreserve gezählt, sie stand aber ganz auf dem rechten Flügel, hat die Schlacht nicht mitgemacht und scheint zur Besetzung einiger Plätze, wie Antwerpen, Ostende und Ypern, bestimmt gewesen zu sein.

Die zur Division Colville gehörige Brigade Lyon steht in Nieuport, kommt auch nicht zur Schlacht, war vermuthlich auch Besatzung.

Das erste Korps unter Prinz von Oranien, welches den rechten Flügel haben sollte, steht in der Dislocation auf dem linken; eben so ist die Ordnung der Divisionen, z. B. Perponcher und Chassée, verkehrt. Von der niederländischen Kavalleriedivision Collaert erfährt man nicht bestimmt, welche Rolle ihr bis zum 18. aufgetragen war. Kurz, was wir von der Schlachtordnung dieses Heeres wissen, ist mit so viel Verwirrung durchzogen, daß diejenigen Vorstellungen, welche bei der strategischen Betrachtung eines Feldzuges von der bloßen Schlachtordnung ausgehen und auf sie zurückführen, und deren immer eine große Anzahl ist, hier fehlen oder ungewiß umherirren.

2. **Die Vertheidigungsanstalten und Absichten des Herzogs von Wellington.** Welche Pläne Blücher und Wellington gemacht hatten, um in Frankreich einzudringen, kann uns hier gleichgültig sein, da Bonaparte durch seinen Anfall dem zuvorkam. Aber jede versammelte, zum Angriff bestimmte Streitkraft befindet sich so lange in dem Zustande der Vertheidigung, bis sie zum Angriff vorrückt, und für diesen Zustand muß es einen Plan geben. Von diesem Plane der verbündeten niederländischen Armee aber wissen wir nichts.

Ueber die preußische Armee für sich allein findet dieser Zweifel eben nicht statt. Mit zwei Korps steht sie im Thal der Maas, wo die Städte Lüttich, Huy und Namur vielen Truppen Unterkommen geben, und hat ein Korps an die Sambre nach Charleroy, das andere auf das rechte Ufer der Maas nach Ciney wie ein Paar Fühlhörner vorgeschoben; das Hauptquartier befindet sich in Namur, im Mittelpunkt, 3 bis 4 Meilen von den vorgeschobenen Korps, mit Brüssel durch eine Chaussee verbunden. Sie hat eine Ausdehnung von 8 Meilen in der Breite und 8 in der Tiefe, sie kann sich also in ihrem Centrum innerhalb zweier Tage versammeln; zwei Tage Zeit werden ihr dazu wohl bleiben; ist sie versammelt, so kann sie entweder die Schlacht annehmen, wenn sie sich stark genug dazu glaubt, oder ihr in irgend einer Richtung hin ausweichen, denn sie hat in ihrer Nähe eben kein Objekt, das sie bindet und die Freiheit ihres Handelns beschränkt.

So ist es aber offenbar nicht bei der Armee des Herzogs von Wellington. Die Ausdehnung dieser Armee von Mons bis ans Meer beträgt über 20 Meilen, die in der Tiefe von Tournay bis Antwerpen etwa 15. Das Hauptquartier in Brüssel liegt 10 Meilen weit von der vorderen Linie der Quartiere. Eine solche Armee kann in ihrem Mittelpunkt nicht unter 4 bis 5 Tagen versammelt werden. Nun ist aber die Linie der französischen Festungen viel zu nahe, das große Lille z. B. von Tournay nur einen Marsch entfernt, um auf 4 bis 5 Tage Zeit zur Versammlung rechnen zu können.

Aber lag die Versammlung seines Heeres auf einen Punkt auch in der Absicht des Herzogs von Wellington? War in diesem Falle die bloße Versammlung genug, oder mußte sie vorzugsweise auf diesem oder jenem Punkt geschehen zur Deckung irgend eines Gegenstandes oder zum gemeinschaftlichen Handeln mit Blücher?

Und wenn die Versammlung des Heeres auf einen Punkt nicht in der Absicht des Herzogs von Wellington lag oder liegen konnte, sondern eine Vertheidigung in einer mehr oder weniger getrennten Aufstellung seiner Streitkräfte, so muß man fragen: welches waren die Zwecke der einzelnen Aufstellungen, welches der Zusammenhang des Ganzen?

Von allem dem erfährt man nicht ein Wort. Man kann sich wohl denken, daß der Herzog auf Brüssel einen besonderen Werth legte, aber selbst wenn man dabei stehen bliebe und dies gewissermaßen als den einzigen Gegenstand der Deckung betrachten wollte, so kommt doch noch sehr vieles auf den Grad dieser Wichtigkeit an.

3. Die Basis der Wellingtonschen Armee, hauptsächlich ihr letzter Rückzugspunkt, oder auch die Freiheit, welche sie in diesem Punkte hatte, ist ein höchst wichtiger Gegenstand für alles, was sie thun konnte.

4. Endlich was an wirklichen Festungen, d. h. an

Orten, die man sich eine Zeit lang selbst überlassen konnte, vorhanden war. Die Nachrichten, welche wir haben, sprechen von Orten, an welchen gearbeitet worden war, aber nicht, wie weit diese Arbeiten, und noch weniger, wie weit die Ausrüstung gediehen war.

Daß der Herzog über alle diese Dinge mit sich im Reinen war, läßt sich nicht bezweifeln, aber wir wissen nichts davon und können also gar nicht beurtheilen, in wie weit die Ansichten, welche er von der Sache gefaßt hatte, den Umständen völlig angemessen waren. Wenn man ohne bestimmte Daten dem bloßen Anscheine folgen darf, so dürfte die Meinung des Herzogs gewesen sein, Bonaparte werde, wenn er zum Angriff schreiten sollte, gegen ihn und Blücher in mehreren Kolonnen und ansehnlicher Breite vorgehen, und es käme also für ihn darauf an, solche Einrichtungen zu treffen, daß er überall einen angemessenen Widerstand fände, und sich mit einer bedeutenden Reserve in Bereitschaft zu halten, um dem Punkt zu Hülfe zu eilen, wo sich die feindliche Hauptmacht befinden möchte, und dann noch im Stande zu sein, dieser Hauptmacht eine glückliche Schlacht zu liefern, ehe sie Brüssel erreichte. Drangen die Franzosen von ihrem linken Flügel mit der Hauptmacht vor, also aus der Gegend von Lille, so war die in Brüssel gelagerte Reserve, wenn sie zu Hill stieß, im Stande, zwischen der Schelde und Brüssel, etwa an der Dender bei Ath, eine Schlacht mit der Hälfte der ganzen Armee oder auch mit $\frac{2}{3}$ derselben zu liefern, wenn nämlich Zeit und Umstände erlaubten auch noch den linken Flügel heranzuziehen. Drang der Feind mit der Hauptmacht aus dem Centrum vor, d. h. aus der Gegend von Maubeuge oder Valenciennes, so vereinigte sich die Reserve mit dem Korps des Prinzen von Oranien, und wenn es die Umstände gestatteten, mit einem Theil des Hillschen, um auf der Straße von Mons nach Brüssel die Schlacht anzubieten. Ging der Feind mit seiner Hauptmacht von seinem rechten Flügel aus, also gegen Charleroy oder Namur vor, so konnte die Reserve und vielleicht ein Theil des linken Flügels den Preußen zu Hülfe eilen. Man sieht wohl, daß für alle diese Pläne ein Paar Tage Zeit hinreichend waren, denn es kam nur auf die Vereinigung der beiden Korps von Hill und des Prinzen von Oranien in sich an; die Vereinigung mit der Brüsseler Reserve konnte dann durch den bloßen Rückzug auf einen Tagemarsch gegen Brüssel gewonnen werden. Für diese Voraussetzungen erscheinen die Anstalten des Herzogs zureichend, denn ein Paar Tage Zeit konnten ihm nicht wohl fehlen.

In einer solchen Ansicht sind denn auch wohl die Verabredungen getroffen, die der Herzog mit dem Fürsten Blücher Anfang Mai zu St. Trond hatte, und man muß also, wenn er in Beziehung auf die von Blücher gewählte Aufstellung bei Sombreffe versprach, **seine Armee bei Quatrebras zu versammeln und Blücher zu Hülfe zu kommen, im Fall sich die Hauptmacht des Feindes gegen ihn wende,** unter dem Ausdruck „Armee" nur den größeren Theil derselben verstehen, was Wellington selbst seine Hauptmacht nennen mochte: **die mit dem linken Flügelkorps vereinigte Reserve.** Denn die ganze, auf 20 Meilen Ausdehnung zerstreute Wellingtonsche Armee in ein Paar Tagen auf dem äußersten linken Flügel bei Nivelles oder Quatrebras zu versammeln, war ja rein unmöglich, und es konnte höchstens die 6000 Mann starke linke Flügeldivision des Hillschen Korps, nämlich Clinton, die bei Ath und Leuze stand, dazu stoßen. Wenn die Ausdehnung der Wellingtonschen Quartiere zu einer solchen Voraussetzung zwingt, so erscheint dieselbe auch noch gerechtfertigt durch das Zurücklassen des Prinzen Friedrich von Oranien bei Hal, dem Scheidepunkte der Straßen von Brüssel nach Lille und nach Valenciennes. Zu der Schlacht am 18. hätten diese 19,000 Mann allerdings noch eintreffen können, und bis jetzt ist es nicht gelungen, eine andere Erklärung für ihr Zurücklassen zu geben, als daß sie Brüssel von dieser Seite decken sollten.

12. Kritik.

Wenn wir uns nun erlauben wollen diese Ansichten als historisch zu betrachten und sie dann der Kritik unterwerfen, so ist offenbar, daß dabei die Verfahrungsweise Bonapartes und die Verhältnisse des Augenblicks nicht richtig aufgefaßt sind. Die ganze Voraussetzung eines getheilten Vorrückens in großer Breite ist von anderen Zeiten, anderen Feldherren und anderen Verhältnissen hergenommen. Alles auf den Akt einer einzigen großen Schlacht zurückzuführen hat Bonaparte zuerst gewagt. Wir sagen „gewagt", nicht als ob dabei nothwendig mehr gewagt würde, als wenn die Kräfte und Thätigkeiten zersplittert werden; denn es kann Umstände geben, in welchen das Letztere tausendmal gewagter wäre als das Erstere; sondern wir nennen es ein Wagniß, weil der menschliche Geist, abgesehen von allem Kalkül des Verstandes, davor zurückschaudert, eine große, ungeheure Entscheidung in einem einzigen Moment, wie die Schlacht ist, zu konzentriren; es ist, als fühlte sich unser Geist in einem so kleinen Zeitraume zu beengt; wir fühlen dunkel, daß, wenn uns nur Zeit gelassen würde, wir in uns selbst noch neue Hülfsquellen finden würden. Das alles aber ist, wenn es nicht von objektiven Dingen hergenommen ist, sondern blos aus unserm Gefühl entspringt, nur Schwäche der menschlichen Natur; über diese Schwäche werden starke Seelen leichter Herr, und in dieser Beziehung ist Bonaparte zu den stärksten zu zählen. Bonaparte also hat es zuerst gewagt, alle Entscheidung in den großen Akt einer einzigen Schlacht zu legen; wir sagen ferner: er hat diese Art der Entscheidung jedesmal, wo sie in den Umständen lag, vorgezogen. Die Entscheidung in einer einzigen alles umfassenden Schlacht liegt aber in den Umständen, wenn überhaupt der Zweck in einer großen Entscheidung besteht. Eine große Entscheidung kann wieder nur der Zweck sein:

1) wenn wir wissen, daß der Gegner sie sucht und wir ihr nicht entgehen können;

2) insofern sie aber von uns selbst ausgehen soll, nur dann, wenn wir die Kräfte haben, sie durchzuführen. Nur wenn man von der ganzen Wirkungssphäre eines großen Sieges Gebrauch machen kann, soll man ihn suchen, denn einem großen Siege stehen große Gefahren zur Seite.

Das Letztere war der Fall Bonapartes in allen seinen Angriffskriegen; das Erstere war jetzt eingetreten.

Hatte Bonaparte früher, wo er den Krieg größtentheils blos zur Befriedigung seines Ruhmdurstes, seiner Herrschsucht führte, sich nicht gescheut, stets die allerumfassendste Entscheidung zu suchen, so konnte wohl hier nichts Anderes erwartet werden, wo ein mäßiger Vortheil zu gar nichts zu brauchen war, und wo nur ein ganz vollendeter, alle früheren übertreffender Sieg ihm die Aussicht in eine bessere Zukunft eröffnete.

Die dringendste Voraussetzung war also, daß Bonaparte mit seiner ganzen Macht gegen einen Punkt losbrechen werde.

Lord Wellington hatte nie persönlich gegen Bonaparte kommandirt; vielleicht liegt darin der Grund, daß sich ihm diese Voraussetzung nicht so gewaltsam aufdrängte, wie sie sich einem Jeden, den der Blitzstrahl seiner großen Schlachten je getroffen hatte, aufgedrängt haben würde.

Hätte der Lord Wellington diese Voraussetzung gemacht, so würde er eine ganz andere Einrichtung seiner Quartiere getroffen haben; so wie sie war, würde es, wo auch das Schlachtfeld in ganz Belgien gewählt wurde, immer unmöglich gewesen sein, mit vereinigter Macht und in Gemeinschaft mit Blücher auf demselben zu erscheinen; es konnte aber bei jener Voraussetzung unmöglich in der eigenen Absicht liegen, eine sehr beträchtliche Truppenmasse außer Mitwirkung zu setzen.

13. Aufstellung und Versammlung der preußischen Armee.

Lassen wir jetzt die Absichten, welche Lord Wellington für sein ganzes Heer im Allgemeinen und für seinen rechten Flügel insbesondere hatte, in dem Dunkel, aus welchem wir sie nicht zu ziehen vermögen, weil sein Original-Schlachtbericht auch nicht die leiseste Andeutung der Art macht und kein Schriftsteller den Gegenstand herzhaft in Betracht gezogen hat, und halten uns an das den wirklichen Ereignissen zunächst liegende Resultat, daß er, im Fall der Feind gegen Blücher losbräche, Diesem mit seiner Reserve, seinem linken Flügel und vielleicht auch mit einem Theile seines rechten Flügels zu Hülfe kommen wollte: so lassen sich für dieses Ziel, so wie für die Vereinigung der Blücherschen Armee selbst die nöthigen Betrachtungen weiter anstellen.

Wir haben oben gesagt: Die preußische Armee war so aufgestellt, daß sie 8 Meilen Ausdehnung in der Breite und Tiefe einnahm und innerhalb 2 Tagen bei Namur versammelt sein konnte. Wir müssen aber davon das Korps der norddeutschen Bundestruppen ausnehmen, welches bei Trier stand. Dies stand freilich unter dem Befehl des Feldmarschalls Blücher, es hatte aber die Bestimmung, an der Mosel zu bleiben, und wenn diese Bestimmung auch nicht in einem besseren Geiste ist, als die Stellung des Wellingtonschen rechten Flügels, so trifft dies doch nicht den Feldmarschall Blücher, der dieses Korps nicht zu seiner eigentlichen Armee zählte. In Beziehung auf diese Armee selbst war, wie gesagt, kein anderer Gedanke vorhanden, als sie beim Vorbrechen des Feindes zu vereinigen und dann mit dieser Einheit sich dahin zu wenden, wohin die Umstände es erheischten. Und das war gegen einen Feldherrn wie Bonaparte und unter den gegebenen Umständen die vollkommen richtige Grundlage aller ferneren Bestimmungen.

14. Gegenstand des französischen Angriffs.

Um nun darüber mit uns einig zu werden, welche Aufgabe die preußische Armee nach ihrer Versammlung haben würde, müssen wir uns fragen, was der Gegenstand des feindlichen strategischen Angriffs sein konnte. Der Zweck Bonapartes bei diesem Angriff konnte, wie wir das schon gesagt haben, kein anderer als ein glänzender Sieg über die beiden Armeen sein.

Wenn er entweder der einen oder gar beiden eine solche Niederlage beibrachte, daß Blücher über den Rhein, Wellington nach Seeland zurückgehen mußte, Hunderte von eroberten Geschützen und viele Tausende von Gefangenen seine Siegstrophäen wurden, wenn er die moralische Kraft beider Heere brach, den Muth beider Heerführer erschütterte, ihren Unternehmungsgeist schwächte: — dann konnte er mit einem Theile seines siegreichen Heeres, mochten es auch nur 50,000 Mann sein, an den Ober-Rhein eilen und, mit Rapp vereinigt, dort eine Hauptarmee von 80,000 Mann bilden, die in einigen Wochen durch Verstärkungen aus dem Innern zu 100,000 angewachsen sein würde. Der furchtbare Schlag am Nieder-Rhein würde unfehlbar am Ober-Rhein Zögern und Unentschlossenheit hervorgebracht haben, und die Ankunft Napoleons hätte das Zögern in Besorgnisse für die eigene Sicherheit verwandelt. Ein eiliger Rückzug aller Korps, die sich auf dem linken Rheinufer befanden, oder eine unerwartete Niederlage derselben wäre schon die nächste Folge gewesen.

Ob nun gleich nach allen ferner bestehenden Zahlenverhältnissen kein vernünftiger Grund gewesen wäre, den Angriff gegen Frankreich nicht wenigstens von dem Augenblick an zu beginnen, wo die Russen angekommen sein konnten und Blücher und Wellington sich wieder etwas erholt haben würden, so ist es doch, wenn man an die Erfahrung denkt, die man in solchen Fällen schon gemacht hat, sehr möglich, daß die moralische Gewalt des Sieges so schnell nicht überwunden worden wäre. Das durch den Eindruck einer solchen Niederlage erschütterte und geschwächte Urtheil hätte all den Möglichkeiten von ungeheurer Volksbewaffnung und zahlreichen, wie aus der Erde hervorgestampften Heeren Glauben beigemessen; die beiden ausgezeichnetsten Feldherren, Wellington und Blücher, wären nicht zur Stelle, sondern der Letztere über 100 Meilen vom großen Hauptquartiere entfernt gewesen, und es würde also vielleicht eine ungebührliche Zeit verflossen sein, ehe man wieder fest genug stand, um den Fuß zum Vorschreiten aufzuheben.

Wie würde von der anderen Seite die Kraft eines solchen Sieges Frankreich elektrisirt haben! Die eiteln, selbstgefälligen Franzosen würden den Royalismus wie den Republikanismus großentheils in diesem Siegesrausch verloren haben, den Vendéern wären die Waffen ganz aus den Händen gefallen und Bonapartes Stellung zum Innern Frankreichs wäre eine ganz andere geworden.

Wir sind weit entfernt, in der allgemein üblichen Weise darzuthun, daß nach einem solchen Siege sich die Lage Bonapartes eben so günstig, stark, unüberwindlich gezeigt hätte, als sie vorher ungewiß war, weil dergleichen Gegensätze meistens gegen die Natur der Dinge und ein für die historische Kritik ganz unwürdiges Mittel der Beredsamkeit sind. Wir glauben vielmehr, daß auch nach dem glänzendsten Siege Bonapartes Aufgabe noch unendlich schwierig blieb, und daß ihm ein solcher Sieg nur die bloße Möglichkeit eines Widerstandes gegen die Gesammtmacht des Feindes verschaffte. Wenn er selbst als die wichtigste unmittelbare Folge eines solchen Sieges den Sturz des englischen Ministeriums und den Frieden mit dieser Macht ansieht, so kann das nur noch mehr in der Ansicht bestärken, für wie schwach und ungewiß er seine Lage hielt, da er sie mit solchen Illusionen maskiren will.

Also ein glänzender Sieg über die vereinigten niederländischen Heere ist Bonapartes dringendstes Bedürfniß; ist es aber das, so giebt es für seine Unternehmungen nur **ein** Objekt, und dieses ist eben **das vereinigte Heer** und nicht etwa irgend ein geographischer Gegenstand, wie Brüssel oder das rechte Ufer der Maas oder gar der Rhein u. s. w.

Wo es sich um eine große, allgebietende Entscheidung handelt, können überhaupt geographische Punkte und Verhältnisse des Heeres zu diesen Punkten an sich kein Gegenstand der Unternehmungen sein, denn die unmittelbaren Vortheile, welche sie geben, sind viel zu unbedeutend, und der entfernte, nachhaltige Einfluß, welchen sie auf die Kriegsereignisse ausüben könnten, erfordert zu viel Zeit, um zur Wirksamkeit zu kommen; das große Ereigniß einer Schlacht reißt wie ein mächtiger Strom ein solches schwaches Buhnenwerk mit sich fort. Es hätte also die Thätigkeit Bonapartes nur insofern auf einen solchen Gegenstand gerichtet sein können, als ihm derselbe unmittelbar eine vortheilhaftere Einleitung in die Schlacht dargeboten, hauptsächlich, als er ihm Gelegenheit gegeben hätte, die Schlacht großartiger und entscheidender zu machen, denn das war sein eigentliches Bedürfniß. Eine Umgehung der feindlichen Macht, um sie dann mit verwandter Fronte anzugreifen und sie von Hause aus von ihrer natürlichen Rückzugslinie abzudrängen, ist in den meisten Fällen ein untrügliches Mittel zu dieser Steigerung des ganzen kriegerischen Aktes, aber doch nicht immer und namentlich nicht in dem vorliegenden Falle.

Es wurde bei uns viel von der Nothwendigkeit gesprochen, das rechte Maasufer zu halten, und Blüchers Stellung auf beiden Ufern dieses Flusses rührte davon her; eben so wird bei Lord Wellington ein großer Werth auf die Deckung Brüssels gelegt worden sein. Was konnte aber geschehen, wenn Bonaparte sich vor der Schlacht entweder des rechten Maasufers, oder selbst Brüssels bemächtigt hätte? Es würden einige unbedeutende Verluste an Parkkolonnen und anderen Gegenständen des Armeetrosses, auch vielleicht einige an Verpflegungsvorräthen entstanden sein, und es würde außerdem im ersteren Falle die preußische, im letzteren die englische Armee aus ihrer natürlichen Rückzugslinie hinausgedrängt sein. Nun ist offenbar, daß dies Letztere für beide Feldherren kein sonderlicher Nachtheil gewesen wäre, denn Blücher konnte sich für eine kurze Zeit eben so gut mit Wellington vereinigen und gegen Mecheln und Antwerpen zurückziehen, als Wellington sich mit Blücher vereinigt gegen die Maas wenden konnte; die Verluste, welche beide Feldherren im Fall einer verlornen Schlacht erlitten, wären dadurch nicht merklich gesteigert worden, denn hier war weder eine lange Rückzugslinie, noch die Möglichkeit einer völligen Einschließung zu fürchten.

Es war also vorherzusehen, daß Bonaparte auf eine solche

Umgehung keinen Werth legen werde, die er mit dem viel wichtigeren Vortheil eines schnellen, kräftigen Stoßes erkauft und bei der er sich im Unglücksfall selbst in große Gefahr gesetzt hätte. Wir glauben also: die beiden Feldherren konnten ihre ganze Macht auf einem Punkt vereinigen und sicher sein, daß, wo dieser Punkt auch liege, Bonaparte sie aufsuchen würde. Die Vereinigung vorher konnte wegen Schwierigkeit der Verpflegung nicht wohl stattfinden, aber die Bestimmung des Vereinigungspunktes stand ganz in ihrer Willkür, und war auf keine Weise von der Richtung abhängig, die Bonaparte selbst wählte.

15. Vereinigungspunkt der beiden verbündeten Heere.

Der natürlichste Punkt dieser Vereinigung lag auf der Straße von Brüssel nach Namur, wo Beide am ersten zusammentreffen konnten. Nun hatte man im Blücherschen Hauptquartier die Gegend von Sombreffe an dieser Chaussee, 2¼ Meilen von Namur und nur 1 Meile von der Chaussee gelegen, welche von Brüssel auf Charleroy führt, auf der Wellington seinen linken Flügel versammeln wollte, zu einem Schlachtfelde vorzüglich geeignet gefunden gegen einen Feind, der von der Sambre herkäme. Der Ligny-Bach und ein kleiner Zufluß desselben bilden nämlich parallel mit der Chaussee von Sombreffe bis St. Balâtre einen Bodeneinschnitt, welcher zwar nicht sehr tief und steil ist, aber doch beides genug, um auf dem linken Thalrande, welcher der überhöhende ist, eine vortreffliche Aufstellung für die Wirkung aller Waffen zu gewähren. Sie war von einer mäßigen Ausdehnung (½ Meile), so daß sie, mit 1 bis 2 Korps besetzt, lange Widerstand leisten konnte. Blücher behielt dann 2 Korps zu einer Angriffsbewegung übrig, wodurch er die Schlacht entweder selbst oder mit Wellington gemeinschaftlich entscheiden konnte.

Freilich bezog sich diese taktische Eigenschaft nur auf einen Feind, der von Charleroy her vordrang, aber da die strategischen Beziehungen dieses Punktes dem Bedürfniß aller Fälle übrigens vollkommen entsprachen, so konnte diese taktische Beziehung auf einen einzelnen Fall wohl mit bestimmen.

Vereinigten sich die beiden Armeen zu rechter Zeit hier entweder in einer Stellung oder in zwei so nahe bei einander liegenden, daß sie gemeinschaftlich wirken konnten, so hatten sie alles gethan, was ihre Bestimmung erforderte, und sie mußten das Weitere dem Schicksal der Waffen überlassen, das sie bei ihrer großen Ueberlegenheit nicht zu fürchten hatten. Bonaparte mochte seine Richtung auf Brüssel oder wo sonst immer hin haben, er mußte seine Gegner selbst aufsuchen. Aber wir haben schon gesagt, daß Lord Wellington von einer solchen Sammlung der Kräfte und Vereinfachung der Combinationen weit entfernt schien; wenn er in seiner ausgedehnten Stellung blieb, sobald sich irgend eine Bewegung im französischen Heere zeigte, so war eine Vereinigung auf einen Punkt ganz unmöglich; aber wenn sie auch möglich gewesen wäre, er wollte sie nicht; der Gedanke, Brüssel auf eine kurze Zeit Preis zu geben, schien ihm unausführbar, und da der Ort ganz offen war, so schien eine Sicherung desselben gegen Streifereien durch eine bloße Garnison nicht thunlich. Es ist also sicher, daß, wenn Bonaparte von Lille oder von Valenciennes auf Brüssel vorgedrungen wäre, Lord Wellington geeilt haben würde, sich ihm auf den Straßen, in dem einen Falle von Tournay, in dem anderen von Mons, vorzulegen, und dann hätte Blücher, um nicht müßig zu bleiben, gleichfalls dahin marschiren müssen, was er auch von Sombreffe aus in etwa 36 Stunden bis zur Straße von Tournay bewerkstelligen konnte. In der Gegend von Enghien oder schlimmstens bei Hal würde man haben zusammentreffen können, um dem Feinde die Stirn zu bieten. Da Sombreffe gerade auf diesem Wege lag, so war dieser Versammlungspunkt auch in dieser Beziehung vollkommen gut gewählt.

Dagegen würde derselbe für einen Widerstand auf dem rechten Maasufer, im Fall der Feind auf demselben vordrang, ganz ungeeignet gewesen sein. Aber wie hätte auch Blücher daran denken können, seine Armee auf dem rechten Maasufer zu rechter Zeit zu versammeln, und wie viel weniger noch, dort irgend einen Beistand von dem englischen Feldherrn zu erhalten! — Blücher also verstand es besser als Wellington fallen zu lassen, was nicht durch die Umstände bringend geboten war. Auf dem linken Maasufer war er der Unterstützung Wellingtons gewiß, und wollte Bonaparte an ihn, so mußte er die Maas selbst überschreiten.

16. Berechnung der Zeit zur Versammlung. Die preußische Armee.

Wir sehen also den Herzog von Wellington in Ungewißheit, wo der Feind zu erwarten ist, und bereit, ihm überall mit dem größeren Theil seiner Truppen entgegen zu treten. Wir sehen Blücher entschlossen, sich, wenn der Feind losbricht, bei Sombreffe zu versammeln, wo er der Armee des Herzogs nahe genug ist, um sie zu unterstützen oder von ihr unterstützt zu werden.

Sehen wir nun auf die Zeit, welche beide Armeen zur Ausführung ihrer Versammlung brauchten, und vergleichen sie mit der, welche ihnen nach der Stellung ihrer vorgeschobenen Korps dazu im schlimmsten Falle werden mußte, so finden wir freilich kein genügendes Resultat.

Der Punkt Charleroy ist dem Versammlungspunkte Sombreffe der nächste und nur etwa drittehalb Meilen davon entfernt. Geht nun die Benachrichtigung vom Anrücken des Feindes von Charleroy aus nach Namur und von da der Befehl zum Zusammenziehen nach Lüttich, als dem entferntesten Quartiere, so kann man wenigstens 16 Stunden Zeit dazu rechnen. Rechnet man noch 8 Stunden zur Benachrichtigung und zum Ausrücken der Truppen, so sind 24 Stunden Zeit verflossen, ehe das vierte Korps seinen Marsch antreten kann; der Weg aus der Gegend von Lüttich nach Sombreffe beträgt 10 Meilen, dazu waren beim schnellsten Marsch 2 Tage erforderlich und mithin 3 Tage, ehe dieses Korps ankommen konnte. Das dritte Korps von Ciney konnte in 36 Stunden da sein, das zweite von Namur selbst in 12 Stunden. Der Widerstand des Generals Ziethen an der Sambre und sein Rückzug bis in die Gegend von Fleurus konnten nicht mehr als einen Tag Zeit verschaffen, nämlich vom Morgen bis zum Abend durch Aufhalten des Feindes, worauf denn die eintretende Nacht die übrige Zeit verschaffte. Nun konnte man natürlich darauf rechnen, daß man das Vordringen des Feindes nicht gerade nur durch den ersten Kanonenschuß erfahren werde, sondern wenigstens durch die letzte Aufstellung, die er vor dem Angriff unserer Truppen nehmen würde, ja höchst wahrscheinlich auch wohl durch andere Nachrichten noch um einige Tage früher. Wäre dies Letztere der Fall gewesen, so reichte die Zeit zur Versammlung hin; wäre man aber auf den bloßen Augenschein beschränkt gewesen, so würden nur das zweite und dritte Korps zur Aufnahme des ersten bei Sombreffe haben eintreffen können und zwar das dritte noch mit Mühe, das vierte aber gar nicht. Diese Gefahr sah man im Blücherschen Hauptquartiere wohl, es gab aber mancherlei Schwierigkeiten, das Bülowsche Korps näher heranzuziehen; doch erhielt es, sobald man von den Bewegungen im französischen Heere etwas bemerkte, am 14. den Befehl, nach der Gegend von Hannut zu gehen, wo es von dem Versammlungspunkte nur 5 Meilen entfernt war, also noch vor dem dritten Korps, welches 6¼ Meilen davon entfernt war, daselbst eintreffen konnte. Ein Zufall machte, wie wir in der Folge sehen werden, daß diese Annäherung nicht sogleich zur Ausführung kam und daher nicht diese Folgen hatte.

Blücher glaubte also sein Heer bei Sombreffe in 36 Stunden versammeln zu können; wiewohl nun Hundert gegen Eins zu wetten war, daß man den Anmarsch des Feindes früher erfahren werde, als 36 Stunden vor seinem eigenen Eintreffen in die Gegend unsers Schlachtfeldes, so blieb es doch höchst gewagt, bei so naher Avantgarde so ausgedehnt stehen zu bleiben. Die ewigen Schwierigkeiten der Verpflegung, welche die niederländischen Behörden machten, hielten den Feldmarschall Blücher ab, sich mehr zu sammeln; er wollte noch einige bestimmtere Nachrichten über die Bewegungen im feindlichen Heere abwarten. Von einem Fehler ist er indeß nicht freizusprechen.

17. Die Wellingtonsche Armee.

Ueber die Versammlung der Wellingtonschen Armee hat man kein Urtheil, weil man die näheren Absichten und Dispositionen für den rechten Flügel nicht kennt. Aber so viel ist klar, daß für den Fall, wo man am wenigsten Zeit behielt, nämlich wenn der Feind über Charleroy vordrang, das Resultat in Beziehung auf die Versammlung der Wellingtonschen Armee noch ungünstiger ausfallen mußte. Sollte in diesem Falle auch nur die linke Flügeldivision des rechten Flügelkorps, nämlich Clinton, herangezogen werden und die Versammlung bei Quatrebras sein, so hatte jene Division von Ath und Leuze 8 und 10 Meilen zu marschiren und eben so weit hatte die Benachrichtigung nach Brüssel und der Befehl von Brüssel zu laufen. Es ist klar, daß diese Division noch später zur Schlacht hätte kommen müssen, als das vierte preußische Korps; dagegen hätte das linke Flügelkorps, dessen entfernteste Division in Roeux, 5 Meilen von Quatrebras, stand, so wie die Reserve aus Brüssel und dessen Gegend füglich zur Schlacht, nämlich nach 36 Stunden eintreffen können; wenn es nicht geschah, so lag das in Umständen, deren wir weiter unten gedenken wollen.

18. Betrachtungen.

So lange man gewiß wußte, daß die Franzosen ein Korps in der Gegend von Lille und ein anderes bei Metz hatten, so lange war ein Ueberfall mit gesammelter Macht nicht zu befürchten. Aber in den ersten Tagen des Juni verließen die französischen Korps Lille und Metz, und wenn man auch nicht genau wußte, was geschah, so hatte man doch bei den Verbündeten gegen die Mitte des Monats hin die bestimmte Nachricht, daß das vierte Korps von der Mosel an die Maas gerückt war. Von diesem Augenblick an konnte man nicht mehr mit Sicher=

heit auf eine zweite Benachrichtigung vor dem Ausbruch der
Feindseligkeiten rechnen, und nun war es also die höchste Zeit,
sich stärker zu sammeln, sich so zu sammeln, daß alle Korps
das Schlachtfeld wenigstens innerhalb 24 Stunden erreichen
konnten. Welche Veränderungen in der Stellung dazu gehört
hätten, ist nicht nöthig anzugeben; aber ein wichtiger Vortheil
wäre es gewesen, wenn der Herzog von Wellington sein Haupt=
quartier seinen Korps und dem Feldmarschall Blücher näher
gelegt hätte, etwa nach Nivelles; dadurch allein würden wenig=
stens 12 Stunden Zeit gewonnen worden sein und mancherlei
Zufälle vermieden. Aber es geschah weder das Eine, noch das
Andere. Nur das preußische vierte Korps hatte Befehl erhal=
ten, sich bei Hannut in enge Quartiere zu sammeln, welcher Be=
fehl aber auch schon zu spät kam, wie wir sehen werden.

Theils hoffte man noch weitere Nachrichten zu bekommen
vor dem Ausbruch der Feindseligkeiten, theils glaubte haupt=
sächlich Wellington sich in Versammlung seiner Streitkräfte
durchaus nach der feindlichen Hauptmacht richten zu müssen,
und von dieser war nichts Bestimmtes bekannt. Eine Kriegs=
erklärung war noch nicht vorhanden, daß die Garden Paris
verlassen hatten (was den 8. Juni geschah) noch nicht bekannt,
und so blieb man bis zum 14. in einer Art von tadelnswerther
Schwebe, in einem Zustande, von dem man wohl fühlte, daß
er gefährlich werden könne, aus dem man auch entschlossen war
herauszutreten, in dem man aber dennoch überrascht wurde.

19. Bonaparte versammelt sein Heer.

Bonaparte hatte beschlossen, den Feldzug am 15. Juni zu
eröffnen. Den 6. brach das vierte Korps von Metz auf, einige
Tage später das erste von Lille. Der Aufbruch wurde durch
verstärkte Vorposten aus den Festungen maskirt. Den 8. brach
die Garde von Paris auf, das sechste Korps von Laon, das
zweite von Valenciennes. Alle diese Korps trafen den 13.
zwischen Philippeville und Avesnes ein, in welchem letzteren

Orte Bonaparte, nachdem er den 12. Paris verlassen hatte, gleichfalls den 13. Abends eintraf.

Metz liegt ungefähr 25 Meilen von Philippeville, worauf das vierte Korps 8 Tage verwendete; von Paris nach Avesnes, wozu die Garde nur 6 Tage brauchte, sind 30 Meilen; jenes ist aber Transversalweg ohne große Straße. Da man einen Marsch niemals ohne die genaueste Kenntniß einzelner Umstände vollkommen beurtheilen kann, so kann man hier auch wohl annehmen, daß Bonaparte, der seine Hauptabsicht auf Ueberraschung gerichtet hatte, seinen Korps die möglichste Geschwindigkeit gegeben haben wird. Den 14. zogen sich die französischen Korps noch enger zusammen und nahmen folgende Aufstellung in 3 Kolonnen:

der rechte Flügel, 16,000 Mann stark, bestehend aus dem vierten Korps und etwas Kavallerie, bei Philippeville;

die Mitte, 64,000 Mann stark, bestehend aus dem fünften und sechsten Korps, der Garde und dem größten Theil der Kavallerie, bei Beaumont;

der linke Flügel, 44,000 Mann stark, bestehend aus dem ersten und zweiten Korps, bei Solre sur Sambre.

Diese Stellung war von Charleroy noch vier Meilen entfernt. Da der Aufbruch von Metz und Lille keine vorläufige Zusammenziehung der Quartiere, sondern ein wahrer Sammlungsmarsch war, so hätten die Verbündeten, wenn sie ein gutes Nachrichtensystem hatten, wohl früher als am 13. oder gar am 14., also nicht erst nach acht oder neun Tagen davon unterrichtet und aus ihrer Ungewißheit gerissen werden sollen. Dies war aber nicht der Fall; erst am 14. erfuhr man, daß die Franzosen in Bewegung zur Vereinigung seien und daß Bonaparte bei der Armee angekommen sei, aber es blieb noch ungewiß, wo die Vereinigung stattfinden werde. Erst in der Nacht vom 14. auf den 15. erfuhr man durch die Meldung des Generals Ziethen, daß der Feind ihm gegenüber sich verstärke und er einem Angriff am folgenden Morgen entgegensehe; also er=

hielt man die sichere Nachricht wirklich nur 36 Stunden vor dem Anfange der Schlacht bei Ligny.

20. Blüchers Versammlung bei Sombreffe.

Auf die Nachricht von der Bewegung bei dem Feinde und der Ankunft Bonapartes wurde am 14. Abends aus Namur der Befehl an den General v. Bülow erlassen, seine Truppen so zu versammeln, daß er Hannut in einem Marsche erreichen könne. Diesen Befehl erhielt General Bülow den 15. Morgens um 5 Uhr. Er führte die befohlene Maßregel aus.

In der Nacht vom 14. zum 15., als General Ziethen die Meldung von dem Anrücken des Feindes gemacht hatte, wurde dem General von Bülow ein zweiter Befehl geschickt, sich unverzüglich bei Hannut zusammen zu ziehen und sein Hauptquartier in diesem Orte zu nehmen. Diesen Befehl erhielt General Bülow den 15. Vormittags um 11 Uhr. Hätte er hiernach seinen Truppen den Befehl gegeben, nach einer kurzen Rast den zweiten Marsch bis Hannut zu machen, was füglich geschehen konnte, da Hannut nur fünf Meilen von Lüttich entfernt ist und die meisten Truppen zwischen Lüttich und Hannut gelegen hatten, so würde sein Korps in der Nacht vom 15. auf den 16. bei Hannut versammelt gewesen sein. General Bülow glaubte die Ausführung dieses Befehls bis auf den anderen Tag verschieben zu können, erstens weil er der Ueberzeugung war, die preußische Armee könne sich selbst nur bei Hannut versammeln, daß also für ihn Zeit genug bleiben werde, diesen Punkt zu erreichen; zweitens weil er glaubte, so lange keine Kriegserklärung erfolgt sei, könne man vor Feindseligkeiten sicher sein.

Er machte darüber seinen Bericht nach dem Hauptquartiere und meldete, daß er den 16. Mittags in Hannut sein würde. Diese Meldung traf den Feldmarschall Blücher nicht mehr in Namur. Ein dritter und vierter Befehl, im Laufe des 15. von Namur aus an den General Bülow ausgefertigt, wiesen ihn an, seinen Marsch am 16. nach Sombreffe fortzusetzen. Da

Sombreffe fünf Meilen von Hannut liegt und die Bülow'schen Truppen erst am 15. in der Nacht nach Hannut gekommen sein konnten, so hätte er mit großer Anstrengung den 16. Nachmittags mit der Avantgarde, mit den übrigen Truppen aber gegen Abend eintreffen können. Man sieht, daß die Zeit nirgends zureichen wollte.

Diese beiden Befehle wurden nach Hannut geschickt, wo General Bülow eintreffen sollte und erwartet wurde, daher sie dort liegen blieben. General Bülow war aber den 15. noch in Lüttich geblieben und erhielt diese Befehle erst den 16. Morgens 10 Uhr; die Differenz in der Zeit wurde nun so groß, daß er erst den 17. früh 3 Uhr bei Haute et basse Baudeset, 1 Stunde nördlich von Gembloux und 3 Stunden vom Schlachtfelde, anlangte. Wäre er zwölf Stunden früher gekommen, so hätte er die Schlacht von Ligny noch entscheiden können.

Das dritte Armeekorps erhielt auch durch einen Zufall den in der Nacht vom 14. auf den 15. ausgefertigten Marschbefehl erst den 15. Morgens um 10 Uhr; nichtsdestoweniger befand es sich den 16. um 10 Uhr auf dem Schlachtfelde, nachdem es bloß einige auf Vorposten befindliche Truppen zurückgelassen hatte. Das zweite Armeekorps traf kurz vorher ein.

21. Wellingtons Versammlung.

Die Nachrichten, welche Feldmarschall Blücher am 14. hatte, und die ihn bewogen in der Nacht vom 14. auf den 15. die Versammlung seines Heeres zu befehlen, scheinen Lord Wellington noch zu keinem entscheidenden Schritt bestimmt zu haben. Selbst als er den 15. Abends die Meldung erhielt, daß General Ziethen bei Charleroy angegriffen sei und von der französischen Hauptarmee zurückgedrängt werde, hielt er es noch für mißlich, sich mit der Reserve nach dem linken Flügel hin in Marsch zu setzen, und noch weniger gerathen, seinen rechten Flügel zu schwächen. Er glaubte eher an das Vordringen Bonapartes auf der Straße von Mons und hielt das Gefecht bei Charleroy für einen Scheinangriff, daher begnügte er sich, den

Truppen die Bereitschaft zu befehlen. Erst Mitternacht, als von dem bei Mons die Vorposten kommandirenden General Dörnberg die Nachricht einging, daß er nicht angegriffen sei, der Feind sich vielmehr rechts zu ziehen scheine, gab er den Befehl, daß die Reserve sich in Marsch setzen solle, um den Bois de Soigne zu passiren, was nach des Generals v. Müffling Schrift Morgens 10 Uhr ausgeführt war. Von da bis auf das Schlachtfeld von Sombreffe waren nur noch 3 Meilen; die Reserve des Herzogs hätte also wirklich noch zu rechter Zeit eintreffen können; aber es ging viel Zeit verloren, indem der Herzog erst zu seinem linken Flügel nach Quatrebras ging, den Feind bei Frasne rekognoscirte, dann zum Fürsten Blücher nach Sombreffe eilte, wo er um 1 Uhr ankam, um sich selbst zu überzeugen, ob der Feind hier mit der Hauptarmee vordringe, und mit dem Fürsten die nöthige Abrede zu nehmen. Während dieser Zeit scheint die Reserve an dem Ausgange des Holzes von Soigne, d. h. an dem Scheidewege von Nivelles nach Quatrebras, weitere Befehle erwartet zu haben. Auch dann würde es noch nicht an Zeit gefehlt haben; aber der Herzog hatte seine Kräfte durchaus zersplittert, weil er immer nach den Umständen handeln wollte, hatte den rechten Flügel des Prinzen von Oranien nicht früher wegnehmen wollen, und war deshalb zu schwach, um Blücher zu unterstützen, wie wir das näher sehen werden.

22. Bonapartes Stoß ist auf Blücher gerichtet.

Nachdem uns die Betrachtungen über die Versammlung der Heere bis zu dem Augenblick geführt haben, wo Bonaparte den General Ziethen angreifen will, müssen wir uns den Plan Bonapartes, wie er zu dieser Richtung seines Stoßes kam, und was eigentlich der Gegenstand dieses Stoßes war, genauer denken.

Bonaparte wird in Paris die Kantonnements beider verbündeten Heere ziemlich genau gekannt haben; aber sein Angriffsplan konnte sich doch nur auf das Allgemeine gründen und nicht etwa auf die Stellung der einzelnen Korps, z. B. des Generals Ziethen bei Charleroy; denn diese Stellungen konnten seitdem füglich verändert sein, da seine Nachrichten doch wohl 8 bis 10 Tage alt gewesen sein werden. Man kann also nicht annehmen, daß sein Stoß auf Charleroy gerade dem ersten preußischen Armeekorps gegolten habe. Er kannte den Plan Blüchers, sich hinter Fleurus zu sammeln und aufzustellen; aber auf eine so ungewisse Sache, wie der Versammlungspunkt ist, die längst geändert sein konnte, ohne daß er es erfahren hatte, konnte er in Paris natürlich seinen Plan nicht gründen. Bonaparte konnte nur mit Sicherheit annehmen, daß Wellington mit seiner Armee in und um Brüssel, Blücher mit der seinigen in und um Namur stand; er hatte vermuthlich eine ziemlich bestimmte Angabe über ihre Stärke, allein es ist höchst wahrscheinlich, daß er diese Angaben für übertrieben hielt. Der General Sarasin erzählt in seinem Buche: De la seconde Restauration, er habe die Achsel gezuckt, als man ihm von mehr als 200,000 Mann gesprochen habe, und erwiedert, er wisse bestimmt, daß die Engländer 50,000 Mann hätten, und daß eben so viel Preußen unter Blücher an der Maas seien. Wenn auch Bonaparte mit solchen Aeußerungen den Leuten nur Muth hätte machen wollen, so ist doch wohl zu glauben, daß er Wellington nicht über 60= bis 70,000 und Blücher nicht über 80= bis 90,000, Beide zusammen also etwa 150,000 geglaubt haben wird, von denen, wie er gewiß voraussah, ein guter Theil nicht zur Schlacht kommen werde. Wenn er in den Memoiren die Stärke beider Armeen ziemlich genau angiebt, so muß uns das nicht irre machen; man sieht es diesen Angaben an, daß sie aus späteren Nachrichten gezogen sind, und die Geringschätzung der Gegner lag zu sehr in Bonapartes Weise, um sie nicht auch hier höchst wahrscheinlich zu finden.

Wenn sich nun Bonaparte in seiner Mitte, also zwischen Maubeuge und Givet, zusammenzog, was das Kürzeste war, also, wenn er überraschen wollte, auch das Beste, so befand er sich mehr Blücher als Wellington gegenüber und zugleich war die große Masse der Wellingtonschen Truppen um einen Marsch gegen Blücher zurück. Ging er nun über Charleroy vor, so konnte es kaum fehlen, daß er auf Blücher stoßen mußte, denn es war doch vorauszusetzen, daß beide Feldherren in Verbindung würden bleiben wollen und daß also Blücher sein Heer nicht auf dem rechten, sondern auf dem linken Maasufer versammeln werde. Der Weg über Charleroy führte also Bonaparte entweder auf Blüchers Hauptmasse selbst oder auf seinen rechten Flügel. Auf Blücher zu stoßen und Diesen zuerst anzugreifen war aber gewiß, was Bonaparte vorzugsweise wünschte. Theils hatte er gewiß einen viel größeren Ingrimm gegen Blücher und die Preußen, als gegen Wellington und die Engländer, theils waren die Preußen stärker als Jene und endlich waren sie unruhiger und kampfbegieriger. Diese unsere Ansicht von Bonapartes Plänen hat sich auch in den Memoiren bestätigt gefunden, denn es heißt daselbst, daß Blücher, ein alter Husar und tollbreister Charakter, gewiß Wellington schneller zu Hülfe geeilt sein würde, als der behutsame Wellington Jenem.

Traf Bonaparte auf Blüchers Hauptmasse, so hoffte er sie durch einen schnellen Anfall zu schlagen, ehe Wellington herbei kommen könne; traf er auf seinen rechten Flügel, so war das weniger gut, doch konnte er wohl denken, daß er im Verfolgen desselben auf Blücher selbst stoßen und ihn dann etwas später zur Schlacht bringen, aber dabei auch von Wellington weiter abdrängen werde. In beiden Fällen hatte er die Aussicht, Blücher, indem er ihn auf seinem Marsch zu Wellington antraf, nicht gehörig vereinigt zu finden, weil jener Marsch als ein strategischer Flankenmarsch aus weitläufigen Quartieren nicht gut eine vollkommene Vereinigung zuließ.

So, scheint es, muß man sich den näheren bestimmten Operationsplan Bonapartes denken und motiviren. Alle Schriftsteller, die über diesen Feldzug geschrieben haben, fangen damit an zu sagen: er warf sich zwischen beide Armeen, um sie zu trennen. Diesem in der Militärsprache zu einem terminus technicus gewordenen Ausdruck liegt aber keine klare Idee zu

Grunde. Der Zwischenraum zwischen zwei Armeen kann kein Operationsobjekt sein; es wäre sehr unglücklich, wenn ein Feldherr wie Bonaparte, der es mit einem doppelt so starken Gegner zu thun hat, anstatt mit vereinter Kraft auf die eine Hälfte zu treffen, auf den leeren Zwischenraum träfe und also einen Lufthieb thäte; er verlöre seine Zeit, während er gerade nur in der höchsten Oekonomie derselben seine Kräfte verdoppeln kann.

Selbst das Schlagen mit der einen Armee in einer Richtung, durch welche sie von der anderen abgedrängt wird, hat, wenn es auch ohne allen Zeitverlust stattfindet, noch immer die große Gefahr, daß man indessen von der anderen im Rücken angegriffen werden kann. Wenn also diese nicht weit genug entfernt ist, um vor dieser Gefahr gesichert zu sein, so wird sich schwerlich ein Feldherr zu einem solchen abdrängenden Angriff entschließen.

Bonaparte wählt also die Richtung zwischen beiden Armeen, nicht um sie zu trennen, indem er sich zwischen sie klemmt, sondern weil er erwarten darf, daß er in dieser Richtung auf Blücher vereint oder in getrennten Korps stoßen wird.

23. Gefecht bei Charleroy.

Den 14. Abends war die französische Armee in 3 Kolonnen bei Philippeville, Beaumont und Solre sur Sambre 4 Meilen von Charleroy aufgestellt. Ob General Ziethen die Feuer bemerkte, ob er seine Brigaden, so weit es die Vertheidigung der Zugänge erlaubte, zusammenzog, ist nicht bestimmt gesagt. Den 15. Morgens 4 Uhr wurden seine Vorposten zurückgedrängt. Die 3 französischen Kolonnen drangen gegen die 3 Uebergänge von Marchiennes, Charleroy und Chatelet vor. Alle 3 wurden von Abtheilungen der zweiten Brigade vertheidigt. Die Vorposten des Generals Ziethen zogen sich zurück, verloren aber das Bataillon, welches sich in Thuin eine Zeit lang vertheidigt hatte, auf dem Rückzuge nach Marchiennes durch einen Kavallerieangriff.

Die Vorposten des Generals Ziethen waren aus der Gegend von Binche über Thuin und Ham gegen die Sambre gezogen, 2½ Stunden von Charleroy. Für die Sicherheit des Korps war das nothwendig, aber so weit vorgeschobene Posten zieht man doch gern ein, wenn man von dem Anrücken der feindlichen Hauptmacht vorher etwas erfährt, also vorbereitet ist und nicht nöthig hat, die Vorposten einer Gefahr auszusetzen.

Die Stellung des Ziethenschen Korps mit dem Kern der Brigaden war am 15. Morgens:

die erste bei Fontaine l'Evêque,
= zweite = Charleroy,
= dritte = Fleurus,
= vierte = Moutiers sur Sambre,
die Reserve-Kavallerie vertheilt bei Gosselies, Charleroy, Fleurus u. s. w.

Man kann hier die dritte Brigade als eine Reserve betrachten, die zweite als diejenige, welche eigentlich die Sambre vertheidigte, die erste und vierte als Flankendeckung.

Des Generals Ziethen Absicht konnte hiernach nicht sein, ein entscheidendes Gefecht an der Sambre anzunehmen, sondern er hatte selbst für die zweite Brigade die eigentliche Stellung bei Gilly gewählt, und wollte die drei Uebergänge Charleroy, Marchiennes und Chatelet nur so lange vertheidigen, als es ohne Gefahr für die dazu bestimmten Truppen geschehen konnte; ein zweiter Widerstand sollte bei Gilly stattfinden und so die Zeit gewonnen werden, welche die Flügelbrigaden brauchten, um die Gegend hinter Fleurus zu erreichen, wo sich das ganze Korps vereinigen sollte und wo es durch seinen vereinten Widerstand die dann noch nöthige Zeit zur Versammlung der Armee gewinnen mußte.

Dieser Plan kam auch im Ganzen mit ziemlich günstigen Erfolgen zur Ausführung.

Die erste Brigade fand zwar schon bei Gosselies, als sie ihren Weg gegen Heppignies fortsetzen wollte, die Avantgarde der über Marchiennes vorgedrungenen feindlichen Kolonne und hatte mit derselben ein Gefecht; da sie aber darin durch ein Regiment unterstützt wurde, welches die dritte Brigade von

Fleurus zu ihrer Aufnahme dahin detaschirt hatte, so setzte die erste Brigade ihren Rückzug ohne großen Nachtheil bis in die Gegend von St. Amand fort.

Die linke Flügelbrigade wurde vom Feinde nicht angegriffen; vermuthlich ist dies der Grund, warum sie ihre Vorposten viel später einzog und erst Abends bei Fleurus eintreffen konnte. Sie hatte also gar keinen Verlust erlitten.

Die Verhältnisse bei der zweiten Brigade waren folgende:

Um 4 Uhr waren die Vorposten angegriffen; um 8 Uhr erfolgte erst der Angriff auf Charleroy; dieser dauerte bis 11 Uhr; Marchiennes war in der Zeit von den Franzosen gleichfalls genommen, die französische rechte Flügelkolonne bei Chatelet aber nicht angekommen. Die zweite Brigade zog sich nun nach Gilly zurück. Die Franzosen warten nun die Ankunft des dritten Korps unter Vandamme ab, welcher sich verirrt hat, daher erst um 3 Uhr eintrifft. Von 3 bis 5 Uhr geht die Zeit mit Rekognosciren und im Durchzug durch Charleroy verloren. Endlich zwischen 5 und 6 Uhr, als General Pirch II. gerade seinen Rückzug nach Fleurus antreten will, geht der Angriff los. General Pirch hat also ein Abzugsgefecht, wobei er ziemlich viel Leute einbüßt und wobei ihm, ehe er den Wald von Lambusart erreichen kann, ein Bataillon von der feindlichen Kavallerie genommen wird. Mit Einbruch der Nacht erreichen die Ziethenschen Brigaden die Gegend bei Fleurus und der Feind nimmt eine Stellung im Holze von Lambusart.

Da der Feind Morgens um 4 Uhr schon angegriffen hatte, also die Nacht vorher und den ganzen Tag in Bewegung und im Gefecht begriffen war, so konnte man mit ziemlicher Bestimmtheit vorhersehen, daß er die Nacht nichts weiter unternehmen könne, ja daß er selbst den anderen Morgen nicht sehr früh seinen Angriff fortsetzen werde. Es war also vorauszusehen, daß, wenn am 16. bei Sombreffe eine Schlacht stattfinden sollte, sie erst Nachmittag anfangen werde und daß also die Armeen bis Mittag Zeit zu ihrer Versammlung behielten.

Der Verlust des Generals Ziethen am 16. wird auf 1200

Mann angegeben, man kann ihn wohl auf 2000 rechnen. Mit diesem Opfer also hatte das erste Korps die feindliche Armee 36 Stunden aufgehalten, was ein nicht ungünstiges Resultat ist.

Nur das Centrum und der rechte Flügel der Franzosen waren dem General Ziethen gefolgt. In Betreff des linken Flügels gab Bonaparte dem um 4 Uhr in Charleroy ankommenden Marschall Ney den Befehl und die Weisung, mit demselben gegen die englische Armee auf der Chaussee über Frasnes bis Quatrebras vorzudringen, alles, was er antreffe, über den Haufen zu werfen und an jenem Theilungspunkte der Straße Stellung zu nehmen.

Ney hatte das zweite Korps, Reille, bei Gosselies gefunden, eine Division desselben, Girard, gegen Fleurus detaschirt, das erste Korps, Erlon, aber noch zwischen Marchiennes und Gosselies. Er traf bei Frasnes auf eine Brigade der niederländischen Division Perponcher und hatte, da er von der Division Girard die Meldung bekam, daß sich bei Fleurus große Massen zeigten, nicht den Muth, bis Quatrebras vorzudringen, theils weil er seine Truppen nicht beisammen hatte, theils weil er besorgt sein mochte, sich von der Hauptentscheidung zu sehr zu entfernen; er begnügte sich also die in Frasnes unter dem Prinzen Bernhard von Weimar gefundene niederländische Brigade zu vertreiben und mit seiner Avantgarde daselbst Posto zu fassen.

Die Stellung der französischen Armee war nun am Abend:

Linker Flügel. { Die Avantgarde des linken Flügels in Frasnes.
Das zweite Korps zwischen Mellet und Gosselies.
Das erste Korps zwischen Marchiennes und Gosselies.

Mitte. { Das dritte Korps und die Kavallerie im Walde vor Fleurus.
Die Garden zwischen Charleroy und Gilly.
Das sechste Korps hinter Charleroy.

Rechter Flügel. { Das vierte Korps bei Chatelet.

Das Hauptquartier Bonapartes war in Charleroy; Ney in Gosselies.

24. Verhältnisse am 16. Vormittags.

Blücher hatte seine Befehle zur Versammlung seines Heeres bereits in der Nacht vom 14. auf den 15. gegeben, wie wir schon gesagt haben. Wellington gab sie erst in der Nacht vom 15. zum 16., also 24 Stunden später.

Am 15. marschirte Blüchers zweites und drittes Korps; am 16. Mittags, also nach 36 Stunden, waren sie auf dem Schlachtfelde zur Aufnahme des ersten bereit. Das vierte aber konnte, wie wir gesehen haben, Mittags höchstens mit der Avantgarde, und mit den übrigen Brigaden Abends eintreffen. Aber es traf gar nicht ein, weil durch eine Verkettung von Umständen die Befehle, die General Bülow den 15. Mittags 2 Uhr hätte bekommen können, erst den 16. früh 10 Uhr, also 20 Stunden später anlangten. Darum traf das vierte Korps, anstatt Abends 6 Uhr bei Sombreffe zu sein, erst am folgenden Morgen 6 Uhr 3 Stunden weiter rückwärts ein; es entstand also eine Differenz von etwa 15 Stunden.

Was geschah nun bei Lord Wellington?

Erst Mitternacht den 15. giebt Lord Wellington Befehl zum Linksabmarsch. In wie weit er seine Truppen, besonders seinen rechten Flügel schon früher mehr gesammelt hatte, ist nirgends gesagt. Es muß dies aber nothwendig geschehen sein, wenn der rechte Flügel wirklich, wie behauptet wird, den 17. Mittags bei Hal schon vereinigt gewesen ist; denn es ist einleuchtend, daß vom 15. Nachts bis 17. Mittags nicht der Befehl nach Nieuport gehen konnte und die Truppen von da nach Hal marschiren.

Wir müssen das unentschieden lassen und sagen also nur, was wir wissen, nämlich daß den 16. Vormittags die englische Armee in folgenden Verhältnissen war:

1. Die Division Perponcher und 1 Brigade der niederländischen Kavallerie von 8 Schwadronen bei Quatrebras.
2. Die niederländische Division Chassé bei Nivelles wahr-

scheinlich mit den beiden anderen Brigaden der niederländischen Kavallerie von 20 Schwadronen.

3. Die Division Picton, die Brigaden Lambert und Pack, die Nassauer und Braunschweiger auf dem Marsche von Brüssel nach Quatrebras.

4. Die Divisionen Cook und Alten, zum linken Flügel gehörend, auf dem Marsche aus der Gegend von Enghien nach Quatrebras.

5. Die Kavallerie unter Lord Uxbridge auf dem Marsche aus ihren Quartieren nach Quatrebras.

6. Die Division Clinton, zum rechten Flügel gehörig, aus der Gegend von Ath und Leuze auf dem Marsche nach Quatrebras.

7. Von der Division Colville, gleichfalls zum rechten Flügel gehörig, die Brigade Mitchel aus der Gegend von Renaix auf dem Marsche nach Quatrebras.

8. Die Divisionen Stedman, Anthing, 2 Brigaden der Division Colville (Johnston und Lyon) und die hannöversche Kavalleriebrigade Estorff, auf dem Marsche aus ihren Quartieren nach Hal, wo sie erst den 17. eintreffen.

Lord Wellington hatte also am Mittag, als die Schlacht bei Ligny anfing und die bei Quatrebras auch hätte anfangen können, bei Quatrebras etwa 8000 Mann. Nach und nach und während der Dauer des Gefechts bis zum Einbruch der Nacht kamen an: die Reserve von Brüssel und die Divisionen Cook und Alten, vielleicht auch etwas Kavallerie, und die Stärke des Herzogs mag dadurch bis auf 40,000 Mann gestiegen sein. Der Herzog konnte sich nicht entschließen die Straße von Nivelles zu verlassen, was freilich bei diesem die Straße durchschneidenden Zuge der herbei eilenden Truppen des rechten Flügels ziemlich mißlich gewesen wäre. Der Herzog hatte also selbst gegen Abend von 90,000 Mann nicht allein 40,000 Mann noch auf dem Marsche, sondern auch von den übrigen 50,000 Mann, die zur Stelle waren, 10,000 Mann, nämlich die Division Chassé und 20 Schwadronen Kavallerie bei Nivelles auf einem nicht angegriffenen Punkte.

25. Die Schlacht von Ligny.

Bonapartes Streitkräfte waren am Morgen des 16. noch nicht ganz zu einem Angriff vereinigt.

Der linke Flügel unter Ney war von Frasnes bis gegen Marchiennes auf einem Raum von etwa 2 Meilen echelonirt, wie die Franzosen sich auszudrücken pflegen; eben so das Centrum und der rechte Flügel, denn das sechste Korps stand hinter Charleroy. Dazu kam, daß die Truppen den 15. um 4 Uhr schon die preußischen Vorposten angegriffen hatten, also wahrscheinlich den größten Theil der Nacht marschirt waren, daß sie sich den ganzen 15. bis in die Nacht entweder geschlagen oder unter den Waffen und auf dem Marsche zugebracht hatten; es war also unmöglich, daß den 16. in den Morgenstunden ein Angriff Blüchers bei Sombreffe und der Niederländer bei Quatrebras erfolgte. Bei Sombreffe hatte sich Bonaparte durch die Umstände selbst davon überzeugt, und es fiel ihm daher auch nicht ein die Schlacht Vormittags anzufangen; eben die Umstände aber fanden bei Quatrebras statt, und so ist der Vorwurf, den er Ney macht, nicht schon am 15. Abends oder den 16. in den Morgenstunden Quatrebras mit seiner ganzen Stärke besetzt zu haben, leichtsinnig und ungegründet.

Hätte der wirkliche taktische Stoß mit der Hauptmacht gegen die Hauptmacht schon am 16. Vormittags stattfinden können, so wäre es ein ungeheurer Fehler gewesen, damit gezögert zu haben; denn Blücher war im Versammeln, das wußte Bonaparte, und da die ganze Macht der Preußen den 75,000 Mann so sehr überlegen war, die er dagegen verwenden konnte, so war nichts so wichtig, als die Schlacht zu liefern, ehe alles beisammen war. Das dritte Armeekorps z. B. kam erst um 10 Uhr an. Aber die französischen Truppen brauchten Zeit, um auszuruhen, sich Lebensmittel zu verschaffen, abzukochen und demnächst sich enger zusammen zu ziehen; das konnte nicht alles in einer kurzen Sommernacht geschehen, und es ist gar nicht zu verwundern, wenn darüber der Vormittag des 16. hinging. Zwischen

11 und 12 Uhr rückten die französischen Truppen gegen General Ziethen von Neuem an; Dieser hatte seine Brigaden bereits in die ihm angewiesene Stellung zurückgeschickt und stand noch mit der Kavallerie in der Ebene von Fleurus. Bis etwa um 1 Uhr dauerten die Bewegungen, durch welche diese Kavallerie in die Stellung zurückgedrängt wurde. Dann rekognoscirte Bonaparte die preußische Stellung, und erst gegen 3 Uhr konnte der wirkliche Angriff beginnen.

26. Blüchers Anordnungen.

Es war, wie wir schon gesagt haben, ursprünglich die Idee gewesen, die Stellung von Sombreffe längs der Brüsseler Chaussée zu nehmen, und während Bonaparte seinen Angriff dagegen entwickelte, ihn mit dem größten Theile der Macht von der Seite selbst anzufallen. Als man die Armee am 16. des Morgens bei Sombreffe versammelte, fand man es bedenklich, nicht die Gegend gleich von Hause aus stark zu besetzen, von woher der Herzog von Wellington mit einem Theile seines Heeres kommen sollte. Man wählte also für das erste und zweite Korps eine Aufstellung zwischen St. Amand und Sombreffe, glaubte aber auch die Gegend von Sombreffe bis Balâtre nicht unbesetzt lassen zu können, weil der General Bülow über Gemblour heran rückte; es wurde daher dem dritten Korps Befehl gegeben, diese Stellung einzunehmen. Man hatte also 2 Frontelinien, die einen eingehenden rechten Winkel machten. Vermuthlich dachte man sich, der Feind werde die dadurch Preis gegebene rechte Flanke nicht zum Gegenstande seines Hauptangriffs machen, weil von der Seite der Herzog von Wellington mit einer bedeutenden Macht zu erwarten war; gegen einen Nebenangriff aber glaubte man diese Flanke durch die Dörferreihe, welche sich von St. Amand bis Wagnelée fortzieht, ziemlich stark.

Der Hauptirrthum war, daß man glaubte, den ganzen Feind gegen sich zu haben und also auf einen ganz sichern Beistand Wellingtons mit einer bedeutenden Macht (40= bis

50,000 Mann) rechnen zu können. In der That kann man eine Flanke gern Preis geben, wenn 40= bis 50,000 Mann dahinter echelonirt sind. Man glaubte also wohl, Bonaparte werde beide preußische Frontelinien angreifen, wobei er sich denn allerdings in keinem vortheilhaften Verhältniß befunden haben würde. Die Voraussetzung hat sich irrig erwiesen, und man hätte Zeit gehabt, im Laufe der Schlacht von diesem Irrthum zurück zu kommen.

27. Anordnungen auf der Fronte von Ligny.

Die Fronte von St. Amand nach Sombreffe wurde nun auf folgende Weise besetzt:

Das erste Armeekorps bildete das eigentliche Treffen, das zweite sollte hinter der Höhe in Reserve bleiben.

Das erste Armeekorps hatte seine Truppen etwas durcheinander disponirt, was wohl zufällige Umstände nach und nach so hervorgebracht haben mochten.

Während die erste Brigade 3 Bataillone in Bry hatte, standen die andern 6 hinter St. Amand.

Dagegen hatte die dritte Brigade 3 Bataillone in St. Amand, während sie mit den übrigen 6 die hinterste Reserve bildete.

Das Wesentliche in der Vertheilung war:

    daß Bry   mit 3 Bataillonen der ersten,
    St. Amand mit 3   =   der dritten,
    Ligny   mit 4   =   der vierten

Brigade besetzt waren;

    daß die übrigen 6 Bataillone der ersten Brigade nahe hinter St. Amand als ein erstes in 2 Linien gestelltes Treffen (B)*),

    die 8 Bataillone der zweiten (eins war nämlich verloren gegangen) mit den übrigen 2 Bataillonen der vierten in einem zweiten Treffen zwischen Bry und Ligny (C und D),

---

*) Die Buchstaben beziehen sich auf den Wagnerschen Schlachtplan.

endlich die 6 übrigen Bataillone der dritten in einem dritten Treffen gerade hinter der zweiten und dritten standen (E).

Die Reservekavallerie des ersten Armeekorps stand Anfangs vor den Dörfern zur Beobachtung des Feindes und stellte sich in der Folge als Reserve dicht vor die dritte Brigade (W).

Das zweite Armeekorps stand als große Reserve längs der Brüsseler Chaussee, die Brigaden neben einander (H, I, K, L) und in ihrer vorschriftmäßigen Schlachtordnung von 3 Treffen in Kolonnen. Die Reservekavallerie dahinter (M). Die Artillerie war größtentheils noch bei den Brigaden, nur zwischen Ligny und St. Amand waren die 3 schweren Batterieen des ersten Korps aufgefahren (F).

Die Absicht war, in den Dörfern St. Amand und Ligny nur ein vorläufiges Gefecht anzunehmen, um die feindliche Macht zu brechen und dann, wenn sie aus den Dörfern hervortrete, sie selbst anzufallen.

28. Anordnungen auf der Fronte von Sombreffe.

Das dritte Armeekorps hatte die neunte Brigade zur Vertheidigung der weitläufigen Dörfer Sombreffe und Mont Potriaux so wie des Rückens, worauf dieselben liegen, die elfte zur Vertheidigung der Chaussee von Point du Jour, die zehnte zur Vertheidigung des Rückens von Tongrines und Tongrinelle bestimmt, die zwölfte Brigade aber und die Reservekavallerie als Reserve zurückgestellt. Die neunte Brigade besetzte vor der Hand nur das Dorf Mont Potriaux mit einem Bataillon und blieb mit den anderen 8 hinter den Dörfern in Reserve (P). Die elfte Brigade besetzte den Grund mit einem Bataillon (R) und blieb mit den andern 4 (eins war auf dem Vorposten an der Maas stehen geblieben) dahinter (Q).

Die zehnte Brigade besetzte den Grund mit 2 Bataillonen und stellte sich mit den andern 4 auf den Rücken.

Die Absicht war, auf allen Punkten den Grund mit der Tirailleurlinie so lange zu halten, als es möglich sei, wenn dieser aber nicht mehr gehalten werden könnte, auf dem Rücken dem Feinde mit vollen Bataillonen entgegen zu gehen.

Die Artillerie war hauptsächlich auf der Höhe vor Mont Potriaux, auf der Chaussee vor Point du Jour und auf der Höhe bei Tongrinelle vertheilt.

29. Ankunft des Herzogs von Wellington.

Diese Anordnungen waren gegen Mittag mit aller Ruhe getroffen worden, weil der Feind, wie vorauszusehen gewesen, einen Angriff vor Mittag nicht beginnen konnte und den Abzug des Generals Ziethen von Fleurus in diese Aufstellung auf keine Weise belästigte.

Um 1 Uhr kam der Herzog von Wellington zum Feldmarschall Blücher bei der Windmühle von Bry an. Der Herzog sagte dem Feldmarschall, daß seine Armee sich in diesem Augenblick bei Quatrebras versammle und daß er damit zu seiner Hülfe in wenig Stunden herbei eilen werde; „à quatre heures je serais ici", sollen seine Worte gewesen sein, indem er dem Pferde die Sporen gab.

Daß der Herzog mit seiner ganzen Armee in wenig Stunden eintreffen könne, wäre eine unvernünftige Voraussetzung gewesen. Wellington meinte wohl nichts damit, als seinen linken Flügel, vereint mit seiner Reserve, was immerhin 40= bis 50,000 Mann betrug. Beide Feldherren glaubten die vereinte französische Macht gegen sich zu haben, die man auf 130,000 Mann schätzte. Blücher hatte 80,000 Mann beisammen, kam der Herzog mit 40= bis 50,000 Mann an, so hatte man ungefähr das Gleichgewicht der Kräfte. Auf Bülow's Ankunft rechnete man gleichfalls noch, wenn man auch nicht ohne Unruhe darüber war; kamen diese 35,000 Mann an, so schien der Sieg ziemlich gesichert zu sein. Waren nun diese Verhältnisse auch nicht so vortheilhaft, wie man sie bei der großen Ueberlegenheit hätte haben können, so schienen sie doch nicht ungenügend und ein Rückzug, um die Schlacht einen Tag aussetzen zu können, wegen der exzentrischen Rückzugslinien beider Armeen mit Schwierig=

keiten verbunden. Es konnte jede derselben auf eine kurze Zeit ihre natürlichen Verbindungslinien aufgeben und sich zur Heimath der andern hinwenden, wenn sie zusammen waren; aber beide waren nicht zusammen, und ein gemeinschaftlicher Marsch rückwärts würde die Versammlung noch mehr erschwert haben; außerdem hätte es auf die Truppen und Länder keinen guten Eindruck gemacht. Dies alles sind Gründe, die wohl hinreichen konnten, den Feldmarschall Blücher in dem Entschluß zur Schlacht ganz zu befestigen. So wurde also die Schlacht angenommen in der Meinung, daß man es vor der Hand mit einer großen Uebermacht zu thun habe, daß man aber am Ende des Tages die Ueberlegenheit auf seiner Seite haben werde und daß es nur darauf ankomme, bis dahin mit dem Widerstande auszureichen.

30. Bonapartes Angriffsplan.

Bonaparte hatte, wie wir wissen, den 15. das erste und zweite Korps, die leichte Gardekavallerie und eine Division Kürassiere, in Summa 48,000 Mann, unter Ney auf der Straße nach Quatrebras vorgeschickt. Da die Division Girard vom zweiten Korps beim Vordringen dieser Masse von Marchiennes, wo sie die Sambre überschritten hatte, auf Gosselies gegen den General Steinmetz gebraucht worden war und im Verfolgen dieses Generals nach Heppignies dem Centrum wieder näher gekommen war, so behielt Bonaparte sie bei demselben. Nun bestand die zum Angriff Blüchers vorrückende Hauptarmee aus etwa 75,000 Mann. Bonaparte gab ihr folgende Ordnung und Bestimmung:

Das dritte Korps (Vandamme) rückte gemeinschaftlich mit der Division Girard und unterstützt von einer Brigade leichter Gardekavallerie, zusammen 24,000 Mann, über Wagnelée zum Angriff von St. Amand vor.

Das vierte Korps (Gérard), 15,000 Mann stark, machte eine Linksdrehung und rückte zum Angriff von Ligny vor.

Grouchy mit 2 Kavalleriekorps und etwas Infanterie

(Niemand sagt, von welchem Korps, vermuthlich doch vom vierten) rückt gegen Point du Jour und Tongrinelle vor.

Die Garden werden links, das sechste Korps, welches etwas später ankommt, und das Kavalleriekorps von Milhaud rechts von Fleurus als Reserve aufgestellt.

Diese Reserve und die Kavallerie Grouchys, welche blos beobachtet, machen zusammen etwa 36,000 Mann.

Bonaparte weiß nichts von der Stellung des dritten preußischen Korps; er glaubt die drei preußischen Korps von St. Amand bis Sombreffe aufgestellt und hält, was er in dieser Stellung sieht, um so mehr für das Ganze, als er zahlreiche Reservemassen in H, I, K, L und P bemerkt, was bei einer starken Besetzung der Dörfer wohl die 80,000 Mann bilden konnte, die er vor sich hatte. Ob er gewiß gewußt, daß das vierte Korps noch nicht eingetroffen, kann man nicht beurtheilen. Hinterher hat er es behauptet und seinem Schlachtplane damit einen gewissen Anstrich gegeben; aber es ist kaum möglich, daß er darüber völlige Gewißheit hatte, da selbst die Gefangenen, welche etwa gemacht worden sind, sie im Anfange der Schlacht nicht haben konnten. Wir lassen es dahin gestellt sein und folgen der Art, wie er die Schlacht selbst darstellt. Er sah die preußische Armee in einer Richtung aufgestellt, in der sie die Chaussee von Brüssel hinter sich hatte, folglich ihre ursprüngliche Rückzugslinie ganz aufgab und ihm zugleich die rechte Flanke bot.

Zwar war die Hauptrichtung der preußischen Stellung, auch abgesehen vom Thielemannschen Korps, nicht so, sondern der Chaussee nach Brüssel mehr parallel als senkrecht auf dieselbe; aber Bonaparte sah es nicht so und sein Irrthum ist sehr verzeihlich, da bei den vielen einzelnen Massen der preußischen Brigaden es sehr schwer sein mußte, sich eine Idee von der Hauptrichtung des Ganzen zu machen, und sehr natürlich, die Richtung von St. Amand auf Ligny und die Richtung dieses letzteren Dorfes selbst, als die vordersten besetzten Punkte, für die wahre Richtung des Ganzen zu nehmen. Diese Aufstellung der preußischen Armee setzte ihn in Verwunderung und er zog daraus den Schluß, daß Blücher an diesem Tage noch nicht auf eine Schlacht gerechnet, sondern daß er diese für die augenblicklichen Verhältnisse wunderbare Stellung genommen habe in der Hoffnung, bis zum andern Tage Zeit zu gewinnen nnd dann die englische Armee neben sich in die Linie einrücken zu sehen; daß er sie jetzt im Angesicht der französischen Armee behielt, schrieb Bonaparte theils dem kecken Wesen des alten Blücher zu, der mit dieser Contenance imponiren wollte, theils seiner eigenen inoffensiven Aufstellung bei Fleurus, wo ein Theil der Truppen ganz verdeckt stand.

Nun glaubte Bonaparte ziemlich sicher zu sein, daß Wellington nicht ankommen konnte, und darüber konnte er allerdings bestimmtere Nachrichten haben als über Bülow; außerdem glaubte er durch die Aufträge, die er Ney gegeben, dafür gesorgt zu haben. Es kam ihm also alles darauf an, daß Ney, da er es am 15. versäumt hatte, am 16. so schnell als möglich bis Quatrebras vordringen, dadurch alles, was von Wellington kommen könnte, zurückhalten, dann aber selbst noch 10,000 Mann auf der Chaussee von Quatrebras nach Namur zurück der preußischen Armee in den Rücken schicken sollte. In seiner Begeisterung über diesen Plan sagte er dem General Gérard, welcher sich seine Instruktion von ihm holt:

„Il se peut que dans trois heures le sort de la guerre „soit décidé. Si Ney exécute bien ses ordres, il ne „s'échappera pas un canon de l'armée prussienne; elle „est prise en flagrant delit."

31. Kritische Erläuterung.

Daß Bonapartes Ansichten wirklich im Augenblick, wo er die Anordnungen zur Schlacht traf, so gewesen sind, hat man starke Ursache, zu bezweifeln. Er hat in seinen Erzählungen und Dictaten zu sehr gezeigt, daß er nicht wahr und aufrichtig ist, und es könnte wohl sein, daß er auch hier das Bestreben gehabt hat, weniger als ein Hazardspieler zu erscheinen; nicht daß er in seinem Angriffe Blüchers selbst als solcher angesehen werden könnte, sondern in seinem ganzen zweiten Auftreten auf der politischen Bühne. Er ist gegen den vereinigten Blücher und Wellington zu Grunde gegangen; es ist aber seiner Eitelkeit Bedürfniß, zu zeigen, daß dies nicht in der Gewalt der Umstände, sondern in den Fehlern einzelner Menschen lag, und in diesem Systeme der Vertheidigung, wie die Advokaten so etwas nennen, liegt denn auch die Beweisführung, daß die preußische Armee am 16. schon verloren sein mußte, wenn Bonapartes Pläne zur Ausführung kamen.

Es ist bis jetzt keiner Untersuchung gelungen, gehörig auszumitteln, in wie weit der Marschall Ney am 16. wirklich gegen Bonapartes Befehle gehandelt hat, denn die von Gamot erschienene Vertheidigungsschrift des Marschalls: Refutation etc., setzt den Gegenstand auch nicht in ein vollständiges Licht. Es wird aber zur bestimmteren Vorstellung von der Sache beitragen, wenn wir die vier Ordres, welche nach Gamots Buch der Marschall Ney im Laufe des 16. erhalten hat, hier wörtlich nach einander anführen.

PREMIER ORDRE. (Seite 12.)

Charleroi le 16. Juin 1815.

Monsieur le Maréchal! L'Empéreur vient d'ordonner à M. le Comte de Walmy, commandant du troisième corps de cavalerie, de se réunir et de se diriger sur Gosselies où il sera à Votre disposition.

L'intention de Sa Majesté est que la cavalerie de la garde qui a été portée sur la route de Bruxelles, reste en arrière et rejoigne le restant de la garde impériale; mais pour qu'elle ne fasse pas de mouvement rétrograde, Vous pourrez, après l'avoir fait remplacer sur la ligne, la laisser un peu en arrière où il lui sera envoyé des ordres dans le mouvement de la journée. M. le lieutenant-général Lefebre-Desnouettes enverra à cet effet un officier pour prendre des ordres.

Veuillez m'instruire si le corps a opéré son mouvement et quelle est ce matin la position exacte des premier et deuxième corps de l'armée et des deux divisions de cavalerie qui y sont attachées, en me faisant connoître ce qu'il y a d'ennemis devant Vous et ce qu'on a appris.

Signé: le major-général
Duc de Dalmatie.

DEUXIÈME ORDRE.

Charleroi le 16. Juin 1815.

Monsieur le Maréchal! Un officier de lanciers vient de dire à l'Empéreur que l'ennemi présentait des masses du côté des Quatre-Bras. Réunissez les corps des Comtes Reille et d'Erlon et celui du Comte de Walmy qui se met à l'instant en route pour Vous rejoindre. Avec ces forces Vous devez battre et détruire tous les corps ennemis qui peuvent se présenter. Blucher étoit hier à Namur et il n'est pas vraisemblable qu'il ait porté des troupes vers les Quatre-Bras: ainsi Vous n'avez affaire qu'à ce qui vient de Bruxelles.

Le Maréchal Grouchy va faire le mouvement sur Sombref que je Vous ai annoncé, et l'Empéreur va se rendre à Fleurus: c'est là où Vous adresserez Vos nouveaux rapports à Sa Majesté.

Signé: le Maréchal d'Empire, major-général
Duc de Dalmatie.

TROISIÈME ORDRE.

En avant de Fleurus le 16. Juin à 2 heures.

Monsieur le Maréchal! L'Empéreur me charge de Vous prévenir que l'ennemi a réuni un corps de troupes entre Sombref et Bry, et qu'à deux heures et demie M. le Maréchal Grouchy avec les troisième et quatrième corps l'attaquera.

L'intention de S. M. est que Vous attaquiez aussi ce qui est devant Vous et qu'après l'avoir vigoureusement poussé Vous rabattiez sur nous pour concourir à envelopper le corps dont je viens de Vous parler. Si ce corps étoit enfoncé auparavant, alors S. M. feroit manoeuvrer dans Votre direction pour hâter également Vos opérations.

Instruisez de suite l'Empéreur de Vos dispositions et de ce qui se passe sur Votre front.

Signé: le major-général, Maréchal d'empire
Duc de Dalmatie.

QUATRIÈME ORDRE.

En avant de Fleurus le 16. Juin 1815 à trois heures et un quart.

Monsieur le Maréchal! Je Vous ai écrit il y a une heure que l'Empéreur feroit attaquer l'ennemi à 2 heures et demie dans la position qu'il a prise entre St. Amand et Bry. En ce moment l'engagement et très-prononcé. Sa Majesté me charge de Vous dire que Vous devez manoeuvrer sur le champ de manière à envelopper la droite de l'ennemi et tomber à bras raccourcis sur ses derrières. Cette armée est perdue si Vous agissez vigoureusement. Le sort de la France est dans Vos mains. Ainsi n'hésitez pas un instant pour faire le mouvement que l'Empéreur Vous ordonne et dirigez-Vous sur les hauteurs de Bry et de St. Amand pour concourir à une victoire peut-être décisive.

L'ennemi et pris en flagrant delit au moment où il cherche à se réunir aux Anglais.

Signé: le major-général
Duc de Dalmatie.

Dagegen sagt Bonaparte in den schon angeführten Mémoires p. 90:

Un officier d'état-major de la gauche fit le rapport que le Maréchal Ney au moment où il prenoit les armes pour marcher à la position en avant des Quatre-Bras, avoit été arrêté par la canonade qui s'étoit fait entendre sur son flanc droit et par les rapports qu'il avoit reçus; que les deux armées anglo-hollandoise et prusso-saxonne avoient déjà opéré leur réunions aux environs de Fleurus; que dans cet état de choses s'il continuoit son mouvement il seroit tourné; que du reste il étoit prêt à exécuter les ordres que l'Empéreur lui enverroit, aussitôt qu'il connoitroit ce nouvel incident. L'Empéreur le blâma d'avoir déjà perdu huit heures; ce qu'il prétendoit être un nouvel incident existoit depuis la veille; il lui réitera l'ordre de se porter en avant des Quatre-Bras et qu'aussitôt qu'il auroit pris position, il eut à détacher une colonne de huit mille hommes d'infanterie avec la division de cavalerie de Lefebre-Desnouettes et vingt-huit pièces de canon par la chaussée des Quatre-Bras à Namur; qu'elle quitteroit cette chaussée au village de Marbais pour attaquer les hauteurs de Bry sur les derrières de l'armee ennemie; ce détachement parti il lui resteroit encore dans sa position des Quatre-Bras trente deux mille hommes et 80 pièces de canons ce qui étoit suffisant pour tenir en échec les cantonnements de l'armée angloise qui pouvoient arriver dans la journée du 16. Le Maréchal Ney reçut cet ordre à onze heures et demie, il étoit avec son avant-garde près de Frasnes, il devoit avoir pris à midi sa position en avant des Quatre-Bras: or des Quatre-Bras aux hauteurs de Bry il y a quatre mille toises, la colonne qu'il détacheroit sur les derrières du Maréchal Blucher devoit donc arriver avant deux heures au village de Marbais. La ligne qu'occupoit l'armée près de Fleurus n'étoit pas offensive. Une partie étoit masquée; l'armée prussienne dut être sans inquiétude. —

Man kann nicht sagen, daß diese Erzählung mit jenen vier Ordres in Widerspruch stände, aber es fällt doch Folgendes auf.

1. Daß sich eine solche Bestimmung, wie sie hier angegeben ist, nicht unter den Ordres des Marschalls vorgefunden hat. Vielleicht war sie mündlich, vielleicht ist sie verloren gegangen.

2. Daß die dritte Ordre sich gar nicht auf eine frühere Ordre der Art zu beziehen scheint, sondern die Sache etwas anders auffaßt, und wahrscheinlich würde doch Soult die Bestimmung, von welcher Bonaparte spricht, auch geschrieben oder wenigstens genau gekannt haben.

3. Wer ein wenig Uebung in diesen Dingen hat, wird finden, daß die vier von Gamot mitgetheilten Ordres mehr den Charakter der Wahrheit haben als die Disposition, welche Bonaparte ihm in seinen Erzählungen vorschreibt.

4. Endlich ist in dieser Erzählung die Gardekavalleriedivision zu der dem Marschall Ney bestimmten Truppenmasse gerechnet, während die erste jener drei Ordres doch bestimmt vorschreibt, daß sie zurückbleiben sollte. In St. Helena konnte Bonaparte diesen Umstand vergessen haben, aber nicht ein Paar Stunden, nachdem er den Befehl gegeben hatte.

Und nun die innere Beschaffenheit dieser Disposition.

1. Ney wird mit einigen 40,000 Mann gegen Brüssel zwei Meilen weit vorgeschickt, wo er leicht auf 50- bis 60,000 Engländer und Niederländer stoßen kann. Diese soll er schlagen und es wird über die Sicherheit des Erfolgs kein Zweifel gehegt. Gleichwohl waren die englischen Truppen, von Wellington geführt, doch schon öfter in dem Falle gewesen, französische Marschälle auf das Haupt zu schlagen.

2. Um Mittag ist die Hauptmasse des Marschalls Ney noch bei Gosselies; von da bis Quatrebras sind drei Stunden, diese muß er erst zurücklegen, denn daß er um Mittag für seine Person mit der Avantgarde bei Frasnes ist, kann ja nichts helfen; dann muß er eine Schlacht einleiten und beenden und nun mit 10,000 Mann drei Stunden nach St. Amand zurückmarschiren, um eine andere Schlacht mit beenden zu helfen, die ungefähr zu gleicher Zeit geschlagen wird. Wenn das alles

auch nicht rein unmöglich war, so war es doch in keinem Falle praktisch.

3. Warum sollten denn 10,000 Mann im Rücken der 80,000 Mann starken preußischen Armee in einem offenen Lande, wo man überall um sich sehen kann, ihr nothwendig den völligen Untergang bereiten? Sie konnten durch ihr bloßes Erscheinen eine zweifelhafte Schlacht entscheiden und Blücher zu einem früheren Rückzuge zwingen, aber von da bis zum Untergange, d. h. bis zu einer völligen Zertrümmerung, etwa wie die von Jena war, ist noch ein weiter Abstand.

Wir glauben also, daß diese Bonapartische Erzählung in der Einsamkeit von St. Helena eine Art von Bombast ist und daß in dem Augenblicke des Handelns der ganze Ideengang Bonapartes einfacher und naturgemäßer war.

Er sah den größten Theil der Blücherschen Armee vor sich, schätzte sie geringer, als sie wirklich war (denn er glaubte, das dritte Armeekorps sei erst im Laufe der Schlacht angekommen) und hoffte in jedem Falle Blücher eiligst zu schlagen, während Ney mit einigen 40,000 Mann im Stande sein würde, die von Wellington herbei eilende Hülfe aufzuhalten und, im Fall ihm Kräfte übrig blieben, diese gegen den Rücken Blüchers zu verwenden. Das war ungefähr sein Plan; wie groß dieser Sieg über Blücher werden könnte, ließ sich in der Lage, in welcher Bonaparte war, unmöglich vorher bestimmen; er mußte mit allem zufrieden sein, was ihm ein sehr energischer Stoß bringen konnte; zu einem überwältigenden, vernichtenden Plane reichten Zeit, Kräfte und Umstände nicht hin; wenn ein mäßiger Sieg ihm nichts half, ihn nicht von dem Abgrunde zurückriß, an dem er als ein großer Waghals hinschwindelte, so beweist das nur die Unsicherheit seiner Lage, das Gefährliche seines Spiels, und das ist es gerade, was er nicht Wort haben will.

32. Hauptmomente der Schlacht.

In dem Hergange der Schlacht selbst sind nun drei verschiedene, gleichzeitige Akte zu unterscheiden. Der Kampf um die Dörfer St. Amand, der Kampf um das Dorf Ligny und die Demonstration gegen das dritte Armeekorps.

Der erste dieser drei Akte war der blutigste, der zweite der entscheidendste, der dritte an sich unwichtig, aber als ein wirksamer Scheinangriff der Franzosen zu betrachten.

In dem Kampfe um St. Amand kann man die Ereignisse ungefähr auf folgende Weise gruppiren.

1. Das südliche, also das eigentliche Dorf St. Amand wird von der französischen Division Lefol vom dritten Korps um drei Uhr angegriffen. Die erste Brigade, welche mit sechs Bataillonen dahinter steht, unterstützt die darin stehenden drei Bataillone der dritten Brigade und unterhält das Gefecht im mehrmaligen Wechsel von Nehmen und Verlieren eine Stunde lang, wobei sie die drei in Bry stehenden Bataillone heranzieht und verbraucht. Um vier Uhr ist dieses Dorf verloren und die erste Brigade außer Stande, das Gefecht fortzusetzen, sie wird zurückgezogen und sammelt sich hinter Bry (g). Vermuthlich hat das Einrücken der Division Girard in St. Amand-la-Haye zur Bestimmung dieses Erfolgs beigetragen.

2. Der Feldmarschall Blücher beschließt einen kräftigen Angriff in zwei Kolonnen zur Wiedereroberung der Dörfer St. Amand und St. Amand-la-Haye.

Die eine, aus der zweiten Brigade bestehend, die mit ihren acht Bataillonen in Reserve neben Bry stand, soll das letztere Dorf von der breiten Seite her angreifen, während der General Jürgas mit der fünften Brigade und siebzehn Schwadronen Kavallerie, nämlich zehn von seiner eigenen und sieben (Brigade Marwitz), die vom dritten Armeekorps herbeigezogen waren, über und neben dem Dorfe Wagnelée vordringen, dadurch die St. Amand-la-Haye vertheidigende Division Girard in der linken Flanke nehmen soll; so hoffte man wieder Herr von diesem Dorfe und demnächst auch von dem eigentlichen St. Amand zu werden.

Der General Pirch machte zwei Angriffe; der erste mißlang ganz, der zweite unter Blüchers persönlicher Anführung führte bis in das Dorf und zum Besitz des Kirchhofes.

Der General Jürgaß machte gleichfalls zwei Angriffe, die aber nicht genau mit denen des Generals Pirch zusammengetroffen zu sein scheinen. Bei dem ersten Angriffe kam das 25. Regiment, welches die Spitze hatte, beim Aufmarsch aus Wagnelée schnell in Unordnung und der Angriff muß als ganz mißlungen betrachtet werden. General Jürgaß erneuerte ihn mit denselben Truppen, die er rückwärts sammelte, und war nun glücklicher, d. h. er drang bis in die Gegend des Dorfes St. Amand-le-Hameau vor, und hier kam das Gefecht auf geraume Zeit zum Stehen.

Bonaparte verstärkte hierauf seinen linken Flügel durch eine Division der jungen Garde und die Franzosen erneuerten ihre Angriffe. Da die zweite Brigade sich in diesem Gefechte erschöpft und verschossen hatte, so wurden vier Bataillone der hinter Bry stehenden sechsten Brigade herangezogen und General Pirch zog sich mit der zweiten hinter jenes Dorf zurück. Eben so rückte zur fünften Brigade die siebente als Verstärkung ab. Es ist in keiner Erzählung genau gesagt, welche Erfolge auf der einen oder andern Seite hier ferner eingetreten sind; wahrscheinlich blieb das Gefecht in einem ziemlich engen Raume, indem es sich theilweise etwas hin- und herschob. Beide Theile mochten dabei ungefähr in gleicher Lage sein, indem jeder Theil einen Theil des Dorfes St. Amand-la-Haye besetzt hatte. So viel sich aber aus den Erzählungen entnehmen läßt, ist das Gefecht im Allgemeinen immer jenseits des kleinen Baches geblieben, an dem die Dörfer St. Amand liegen.

Ueber die Wirkung und den Gebrauch der Kavallerie und Artillerie kann man nichts Klares und Bestimmtes sagen, weil die Erzählung von dem Gebrauche dieser Waffen zu sehr zerbröckelt ist, vielleicht der Gebrauch selbst es auch zu sehr war und mehrere Abtheilungen dieser Waffe in den Erzählungen nicht einmal vorkommen. Wenn man die Reserveartillerie des ersten Armeekorps, so wie die Batterieen der ersten, zweiten, fünften und siebenten Brigade zusammenzählt, die unzweifelhaft dabei gewesen sind, so giebt das zehn Batterieen oder 80 Geschütze; wahrscheinlich waren auch vom zweiten Korps mehrere Reservebatterieen hier in Thätigkeit und es wird daher wohl eine Zahl von 100 Geschützen herauskommen, die auf einem Raume von etwa 3000 Schritt gefochten haben.

Die französische Artillerie des dritten Korps bestand aus 38, die der Division Girard aus 8 Geschützen; rechnet man dazu noch etwa 30 Geschütze von den Garden und der Kavalleriereserve, so würde die Anzahl der französischen Geschütze nur 76 betragen haben. In jedem Falle war sie gewiß bedeutend geringer als die preußische. Wenn wir nichtsdestoweniger den Verlust der Preußen an Todten und Verwundeten bedeutend größer annehmen müssen, so liegt es gewiß auch zum Theil darin, daß wir zu viel Artillerie in Reserve behalten und diese Waffe wechseln, sobald sich eine Batterie verschossen hat; das macht denn, daß manche ihre Munition schnell los zu werden suchen.

Die Kavallerie scheint gegenseitig wenig gebraucht worden zu sein und sich mehr beobachtet zu haben. Von der französischen versuchten drei Regimenter eine Umgehung des preußischen rechten Flügels, wurden aber durch acht Schwadronen, welche unter General Marwitz ihnen entgegen gestellt wurden, im Zaum gehalten.

3. Endlich muß man es als einen dritten Hauptakt in dem Gefechte um St. Amand betrachten, als der Feldmarschall Blücher, durch die Bewegungen der französischen Garden veranlaßt an einen Rückzug der französischen Armee glaubend, die letzten disponiblen Bataillone, nämlich drei von der achten Brigade, nach St. Amand führte, um hier gewissermaßen durch- und nachzubringen. Dieser Entschluß giebt uns über das Gefecht von St. Amand noch die Aufklärung, daß man es sich als stehend und im Gleichgewicht denken muß, denn sonst hätte der Gedanke eines durch frische Truppen versuchten Durch- und Nachbringens nicht entstehen können.

Sammeln wir das Resultat dieses ganzen Kampfes, so besteht es darin, daß unsererseits nach und nach etwa 40 Bataillone, also vielleicht 28,000 Mann Infanterie, von Seiten der Franzosen das dritte Korps, die Division Girard vom zweiten und die Division Duhesme der Garde, zusammen etwa 24,000 Mann Infanterie, verwendet worden sind, um das Gefecht sechs Stunden lang zu unterhalten, denn bis gegen neun Uhr hat man preußischer Seits die Dörfer wohl behauptet. Im Ganzen mochten wir dabei etwas im Nachtheile sein, insofern wir St. Amand ganz und la Haye zur Hälfte verloren, auch wohl mehr Todte und Verwundete hatten und überhaupt mehr geschwächt waren, also mehr Schlacken und weniger noch brauchbare Abtheilungen hatten als die Franzosen. Denn es ist allerdings nicht wahrscheinlich, daß die französischen Bataillone sämmtlich an dem wirklichen Feuergefechte Theil genommen haben. Es war also schon ein Nachtheil für uns, daß wir in diesem Kampfe schon merklich mehr aufgeopfert hatten als der Feind. Aber dieser Erfolg war offenbar nichts Entscheidendes, sondern nur ein noch unmerkliches Steigen der Wage.

Wir wenden uns jetzt nach Ligny. Hier ist der Kampf noch einfacher als bei St. Amand; er besteht in einem größtentheils im Dorfe selbst unterhaltenen, fünf Stunden langen Feuergefechte, wobei meistens die Franzosen im Besitz derjenigen Hälfte waren, die auf dem rechten Ufer des Baches liegt, und die Preußen im Besitz der andern Hälfte.

Der Angriff auf Ligny geschah durch das vierte französische Korps unter Gérard und wurde durch die Garden selbst unter Bonaparte entschieden. Er fing etwas später als der von St. Amand an. Als Hauptmomente kann man ansehen:

1. Ligny war von vier Bataillonen der vierten Brigade besetzt; der Angriff erfolgte in drei Kolonnen vermittelst der drei Divisionen, die das Korps bildeten, wobei man sich aber den größten Theil der Divisionen in Reserve zurückgehalten denken muß; die zwei übrigen Bataillone der vierten Brigade rückten gleichfalls ein und der erste Angriff wird abgeschlagen.

2. Die Franzosen erneuern den Angriff, die vierte Brigade fängt an zum Widerstande zu schwach zu werden, es rückt die dritte Brigade, nachdem sie zwei Bataillone zur Deckung der Batterieen zurückgelassen hat, mit vier Bataillonen zur Unterstützung in das Dorf. General v. Jagow will damit aus dem Dorfe vordringen und zum Angriff übergehen, aber das Feuer der feindlichen Batterieen macht es unmöglich, aus dem Dorfe zu debouchiren. Darüber entstehen in dem Dorfe selbst Unordnungen, die wahrscheinlich den Verlust der einen Hälfte desselben zur Folge haben.

3. Um nicht auch die andere Hälfte zu verlieren, werden nun die noch übrigen vier Bataillone der sechsten Brigade (eins davon war schon früher in Ligny verbraucht und vier mit dem General Pirch zum Angriff auf St. Amand verwendet) nach Ligny befehligt und diesen folgen später fünf Bataillone der achten Brigade, welche schon früher aus der Gegend von Sombreffe nach der Mühle von Bussy gerückt war. Von den übrigen vier Bataillonen dieser Brigade blieb eine bei der Mühle und die andern 3 waren eben die, welche der Feldmarschall Blücher nach St. Amand führte. Ueber den Gebrauch der Kavallerie und Artillerie erfährt man hier noch weniger als bei St. Amand. Angenommen, daß die bei St. Amand gebrauchte Artillerie an 100 Geschütze betrug, so kann die bei Ligny nicht über 60 betragen haben, da die ganze Artillerie beider Korps nur 160 Geschütze stark war.

Das vierte französische Korps hatte 40 Kanonen; es ist aber vermuthlich auch ein Theil der Artillerie der Garden hier gebraucht worden so wie der Reservekavallerie, daher auf diesem Punkte wahrscheinlich keine Ueberlegenheit in der Artillerie von unserer Seite stattfand.

Die Kavallerie war wohl größtentheils auf den rechten Flügel hin gezogen worden, da, als später die französische durchbrach, sich nur drei Regimenter hier fanden.

So wurde nun das Gefecht in Ligny auf einem sehr engen Raume und mit den blutigsten Anstrengungen fortgeführt. Die

Masse der darin verwendeten preußischen Infanterie betrug 20 Bataillone, also etwa 14,000 Mann. Eben so stark mag das dritte französische Armeekorps an Infanterie gewesen sein.

Feldmarschall Blücher hatte etwa um drei Uhr dem General Thielemann Befehl gegeben, eine Brigade seiner Reservekavallerie zu schicken; dies war geschehen und der General Marwitz war, wie wir bei dem Gefechte von St. Amand erwähnt haben, unter den General Jürgas gestellt worden. Etwa um vier Uhr erhielt General Thielemann Befehl, noch eine Brigade Infanterie zu senden; demzufolge marschirte die zwölfte Brigade nach Ligny ab. Diese wurde an die Stelle der achten zwischen Sombreffe und Ligny als Reserve aufgestellt. Sie hatte ihre Tirailleurs bis an den Lignybach vorgeschoben und durch ein nicht ganz unbedeutendes Gefecht den Truppen in Ligny die linke Flanke gedeckt, doch hatte sie nicht bedeutend verloren und war also noch als eine Reserve zu betrachten. Bonaparte hatte beschlossen, mit der Hauptmasse seiner Garden bei Ligny durchzudringen und der Schlacht dadurch die entscheidende Wendung zu geben. Dieser Stoß traf etwa um acht Uhr ein und macht den letzten Moment des Gefechtes bei Ligny aus.

4. Acht Bataillone französischer Garden und 3= bis 4000 Mann Kavallerie rücken zur Entscheidung gegen Ligny vor und vertreiben die preußischen Truppen ganz aus dem Orte. Die Kavallerie bringt durch, in das von Infanterie ziemlich entblößte Centrum der preußischen Stellung vor; die Reservekavallerie des ersten Armeekorps eilt brigadenweise herbei, um die feindliche Kavallerie und Infanterie anzugreifen, wird aber überall zurückgewiesen. In einem dieser Angriffe, an dessen Spitze sich der Feldmarschall befindet, wird sein Pferd verwundet und er entgeht nur durch Glück der Gefangenschaft.

3. Das Gefecht des dritten Armeekorps.

Zwei Kavalleriekorps und etwas Infanterie, vermuthlich vom vierten Armeekorps, unter Grouchys Befehl, werden angewandt, um gegen die in der Stellung von Sombreffe bis St. Balâtre stehenden preußischen Truppen zu demonstriren und diese also zu beschäftigen. Der Zweck wird insofern erreicht, als die zehnte und elfte Brigade mit 11 Bataillonen und die zweite Brigade der Reservekavallerie mit 6 Schwadronen dadurch festgehalten werden. Dagegen rückt die zwölfte Brigade und eine Brigade der Reservekavallerie zu den beiden andern Armeekorps ab und die neunte Brigade hinter Sombreffe ist als eine Reserve zu betrachten. Das Infanteriegefecht findet hauptsächlich nur auf dem von der zehnten Brigade eingenommenen Terrain zwischen Tongrinelle und Boignée statt und ist an sich unbedeutend. Als zwischen 7 und 8 Uhr General Thielemann die Tirailleurs seiner zwischen Sombreffe und Ligny stehenden zwölften Brigade über den Bach vorgehen, die ihm gegenüber stehende Reiterei aber bis auf kleine Trupps verschwinden sah, glaubte er, der Feind zöge sich zurück, und wollte mit der ihm übrigen Kavalleriebrigade über das Defilee vorrücken. Es wurden zwei Schwadronen vorgesandt und diesen folgte unvorsichtigerweise zu schnell eine reitende Batterie. Kaum waren diese Abtheilungen gegen die vorliegende Höhe angerückt, als ein Paar feindliche Regimenter sich auf die beiden Schwadronen warfen und von der reitenden Batterie, die, anstatt schnell umzukehren, noch abprotzen wollte, 5 Geschütze nahmen; die 3 übrigen hatten Zeit, sich zu retten.

Fassen wir das Bild der ganzen Schlacht zusammen, so ist es wie alle neueren Schlachten ein langsames Verzehren der feindseligen Kräfte in der vordern Linie, wo sie einander berühren, in einem viele Stunden dauernden, nur kleinen Oszillationen unterworfenen Feuergefechte, bis endlich der eine Theil ein sichtbares Uebergewicht der Reserven d. h. der frischen Massen bekommt und dann damit den Entscheidungsstoß gegen die schon schwankenden Kräfte des Gegners giebt.

Bonaparte rückt mit etwa 75,000 Mann gegen Blücher an, dessen drei versammelte Korps eine Macht von 78,000 Mann, also von ähnlicher Stärke, bilden.

Mit etwa 30,000 Mann bekämpft er von 3 Uhr bis 8 die beiden Hauptpunkte der Blücherschen Stellung, St. Amand und Ligny. Etwa 6000 verwendet er zur Beschäftigung des dritten preußischen Armeekorps und mit 33,000 bleibt er weit hinter der kämpfenden Linie ruhig in Reserve. Von diesen verwendet er noch etwa 6000 Mann, um den Kampf bei St. Amand zu unterhalten.

Schon etwa um 6 Uhr beschließt er mit der Garde den entscheidenden Stoß auf Ligny zu thun; da erhält er die Meldung, daß ein beträchtliches Korps sich auf die Entfernung von einer Stunde in seiner linken Flanke zeige. Bonaparte hält mit seiner Bewegung inne, weil es ein feindliches von Brüssel kommendes Korps sein kann. Es ist Erlon, der, man weiß bis jetzt noch nicht, auf wessen Veranlassung, von Frasnes gegen St. Amand marschirt. Es wird eiligst abgesandt, um dieses Korps zu rekognosziren, aber es vergehen fast zwei Stunden, ehe die Nachricht zurückkommt, daß es das erste französische Armeekorps sei. Darüber geschieht der Stoß auf Ligny erst um 8 Uhr.

Auch diesen Stoß thut Bonaparte nicht mit der ganzen Masse seiner Reserve, sondern nur mit etwa der Hälfte derselben, nämlich mit den übrigen Garden, während das sechste Korps wieder als Reserve zurückbleibt.

Blücher hat zu Anfang der Schlacht das erste Armeekorps, 27,000 Mann, in der Stellung von Ligny und St. Amand und das dritte, 22,000 Mann, in der Stellung von Sombreffe bis Balâtre verwendet und nur das zweite mit 29,000 Mann als Reserve zurückgestellt. Zwar hätte das dritte Armeekorps, da der Feind es nicht ernstlich angriff, zusammengezogen und als Reserve betrachtet werden können, zwar rechnete er noch auf die Ankunft Bülows; allein beides geschah nicht und so blieb das Verhältniß der preußischen Reserve immer ungünstig. Nach und nach wurde, wie wir gesehen haben, das zweite Armeekorps, also die Reserve, zur Unterhaltung des Gefechtes verwendet, es blieb also nichts, um die Entscheidung zu geben, wenn auch der Stand des Gefechtes vollkommen im Gleichgewicht geblieben wäre oder sich gar für uns günstig geneigt hätte.

Als der Tag sich neigte, war das Verhältniß der gegenseitigen Kräfte ungefähr folgendes:

Blücher hatte 38,000 Mann Infanterie in den beiden Dörfern verbraucht, die bedeutend gelitten, sich zum Theil verschossen hatten und als Schlacken betrachtet werden mußten, in denen nicht viel Kräfte mehr lebten. 6000 Mann Infanterie standen hinter den Dörfern, in einzelnen Bataillonen zerstreut, die aber noch nicht gefochten hatten. Das Uebrige von den 56,000 Mann des ersten und zweiten Armeekorps war Kavallerie und Artillerie, wovon nur noch ein kleiner Theil frisch war.

Wäre das dritte Armeekorps vereinigt gewesen oder hätte man darüber gehörig verfügt, so war dies eine Reserve von etwa 18,000 Mann; mithin konnte man sagen, daß, als die Entscheidung gegeben wurde, Blücher noch an 24,000 Mann Reserve hatte.

Bonaparte, obgleich ursprünglich einige Tausend Mann schwächer als Blücher, hatte jetzt doch noch einige Tausend Mann mehr frische Truppen als Jener; die Ursache davon war eine größere Zurückhaltung, eine größere Oekonomie der Kräfte im Feuergefecht.

Diese kleine Ueberlegenheit der Reserven würde natürlich nicht viel entschieden haben, sie ist aber doch immer als der erste Grund des Sieges zu betrachten.

Der zweite war der ungleiche Erfolg, den das Feuergefecht bis dahin gehabt hatte. Zwar besaßen wir, als Bonaparte gegen Ligny vorrückte, dieses Dorf noch zum Theil, hatten aber doch das Uebrige schon verloren; zwar hielten wir uns noch zwischen Wagnelée und St. Amand, aber auch hier hatten wir Dörfer und Terrain eingebüßt; es hatte sich also überall das Gefecht schon ein wenig zu unserm Nachtheil geneigt und in solchem Falle ist denn der Entscheidungsstoß schon vorbereitet.

Der dritte und wichtigste Grund aber war unstreitig, daß Blücher die Truppen, welche noch nicht gefochten hatten, nämlich das dritte Korps, nicht in seiner Hand hatte. Die zwölfte

Brigade war zwar ganz in seiner Nähe, aber das war zu wenig; die neunte war auch nicht sehr entfernt, aber an diese so wie an den ganzen Thielemann hat man nicht gehörig gedacht, und es war deshalb das dritte Korps in Beziehung auf eine dadurch zu gebende Entscheidung so gut wie nicht vorhanden und konnte nur für den Rückzug noch nützlich werden. — Vielleicht und sehr wahrscheinlich ist aber diese zerstreute Aufstellung Thielemanns gerade als ein Vortheil für das Ganze zu betrachten. Wäre das dritte Korps zur Hand gewesen, so wäre es mit verbraucht worden, ohne daß es Aussicht auf eine glückliche Entscheidung gegeben hätte, die bei der Wendung, die das Ganze schon genommen hatte, nur durch eine entschiedene Ueberlegenheit erhalten werden konnte, wie sie die Ankunft des Bülowschen Korps gegeben haben würde. Wurde aber das dritte Armeekorps mit verbraucht, so war der Verlust in der Schlacht wahrscheinlich um 10,000 Mann größer.

33. Kritische Bemerkungen über die ganze Schlacht. Blücher.

1. Der Hauptfehler Blüchers scheint eine gewisse Unklarheit des Plans zu sein, woraus die Besetzung der doppelten Fronte und die Neutralisirung von 20,000 Mann entstand. Die Stellung von Sombreffe bis Balâtre war gut, wenn man den Rückzug gegen die Maas behalten wollte; in diesem Falle mußte man aber bei dieser Fronte stehen bleiben und die Verbindung mit Wellington in dem gemeinschaftlichen Feinde sehen und nicht in einer unmittelbaren Vereinigung. In einer so offenen Gegend, wo man, wenn Wellington auf der Straße von Quatrebras anmarschirt kam, alles übersehen konnte, war eine unmittelbare Vereinigung so wenig nothwendig, daß sie sogar unvortheilhaft war. Wellington bekam dadurch die ganze natürliche Richtung eines in die feindliche Flanke abgesandten Korps, eine Form des Angriffs, die man ja überall mit der größten Sorgfalt sucht und die als die entscheidendere jedesmal gerechtfertigt ist, wenn man der Stärkere ist und die breitere Basis hat.

Wollte man aber seinen Rückzug gegen die Maas im

schlimmsten Falle aufgeben, so war die Stellung von Sombreffe ganz unnöthig oder höchstens, um den Feind in einer beengten Lage zu erhalten, mit 1 Brigade zu besetzen. Für die Ankunft Bülows war diese Besetzung offenbar nicht nothwendig, denn 35,000 Mann, wenn sie (wie im ersten Falle Wellington) als Flankenkorps wirken sollten, würden schon einen Uebergang über den Lignybach gewonnen haben, wenn der Feind ihn wirklich besetzt haben sollte, was nicht einmal wahrscheinlich ist.

Nichts scheint so wesentlich, als sich bei der Einleitung eines so großen Aktes, wie eine Schlacht ist, gleich die allgemeinsten Verhältnisse recht bestimmt zu denken, und von diesen ist keins so wichtig und einflußreich als die Rückzugsstraßen, denn sie bestimmen die Lage der Fronte und alle Hauptlineamente der in der Schlacht möglichen Bewegungen. Blücher blieb hier wirklich in einer halben Maßregel d. h. zwischen zwei entgegengesetzten stecken.

2. Selbst im Laufe der Schlacht b. h. etwa um 4 oder 5 Uhr hätte man dem General Thielemann noch aufgeben können, sein Korps zu sammeln und von Mont Potriaux und Point du Jour aus gegen die rechte Flanke des Feindes vorzudringen; dann hätte das Gérardsche Korps entweder weichen oder früher von der Garde unterstützt werden müssen, und wenn dann Thielemann, von Grouchy und der Garde angegriffen, auch wieder über den Bach hätte zurückgehen müssen, so würden doch die französischen Reserven früher absorbirt worden sein und der Stoß im Centrum von Ligny aus wäre wahrscheinlich gar nicht erfolgt; die Schlacht würde dann am 16. Abends wahrscheinlich nicht entschieden worden sein oder in jedem Falle die französische Armee durch dieselbe viel mehr geschwächt.

3. Bei der Vertheidigung der Dörfer scheint die des eigentlichen St. Amand ein schädliches hors d'oeuvre gewesen zu sein. Sollte es ein vorgeschobener Posten sein, so muß man sagen, daß solche Posten nur aus zwei Gründen zu rechtfertigen sind,

a. wenn sie an sich von großer Stärke sind und also den

Angreifenden, weil er sie nicht liegen lassen kann, zwingen, an dieser Stärke unverhältnißmäßige Kräfte zu verschwenden, und noch gehört dazu, daß außer der inneren Stärke sie auch von der Fronte der Armee mehr oder weniger unterstützt werden; finden diese Vortheile sich nicht, so erliegt ein solcher Posten dem umfassenden Angriffe des Gegners, man verliert ihn bald und will man ihn wieder nehmen, so verwickelt man sich oft in ein planloses und nachtheiliges Gefecht.

b. Zuweilen ist man genöthigt, einen vorliegenden Punkt schon deshalb zu besetzen, weil er dem Angreifenden bei seiner Annäherung zu viel Schutz gewähren würde. In diesem Falle ist es ein nothwendiges Uebel. Das eigentliche St. Amand hatte an sich keine große Stärke, es konnte von der Fronte der Armee fast gar nicht unterstützt werden und es beherrschte diese Fronte selbst nicht einmal hinreichend, um z. B. einen Angriff auf Ligny nicht zuzulassen. Unter dem ersten Gesichtspunkte war es also gewiß nicht zu besetzen. Unter den zweiten Gesichtspunkt kann man es allerdings in Beziehung auf das Dorf St. Amand-la-Haye bringen, dessen Vertheidigung es erschwerte, weil es mit demselben zusammenhängt; aber doch nur an dem schmalen Ende in der Gegend des Schlosses, wo eben dieses Schloß die Mittel darbot, die Vertheidigungslinie abzuschneiden. In Beziehung auf die Fronte zwischen Ligny und la Haye war das Dorf St. Amand den Preußen nichs weniger als unbequem gelegen; es bildete vielmehr eine Fronteverstärkung, weil die Franzosen zum Angriff aus demselben unter unserm Kartätschenfeuer auf 800 Schritt sich hätten entwickeln müssen. In der That sind die Franzosen, wie es scheint, niemals aus demselben gegen die Höhe vorgedrungen. Die Vertheidigung dieses Dorfes hat eine ganze Brigade absorbirt, den Franzosen wahrscheinlich keinen verhältnißmäßigen Verlust verursacht und den nachtheiligen Eindruck eines verlornen Terrainabschnitts hervorgebracht.

4. Die frühzeitigen Offensiven gegen St. Amand-le-Hameau und die Versuche zu einer anderen von Ligny aus sind gleichfalls nicht in Harmonie mit dem Ganzen. Der Vertheidiger muß

freilich seiner Vertheidigung ein gewisses offensives Prinzip einverleiben, den Widerstand mit einem Rückstoße verbinden, aber dieser Rückstoß muß nur geschehen, wenn und wo es mit Vortheil geschehen kann; wenn der Feind durch sein Vordringen sich mitten zwischen unsere Kräfte begeben hat, wenn er schon tüchtig zusammengeschmolzen ist und nur noch eben sich erhalten kann, in der Regel also erst, wenn seine Kräfte sich an unserm Widerstande erschöpft haben. Der Angriff des Generals Jürgas über Wagnelée gegen le Hameau kam offenbar viel zu früh, um auf diesem Punkte schon eine Entscheidung herbeizuführen. Drang dieser General mit seinem Angriffe, wie er that, wirklich bis in den Rücken von la Haye vor, so mußte er doch da zum Stehen kommen und sich nun in einer vollkommen nachtheiligen Vertheidigung befinden; man wählt aber die Vertheidigung nicht, um sich unter nachtheiligen Umständen zu schlagen. Hätte man von Hause aus Wagnelée besetzt und besonders stark mit Artillerie versehen, so konnte la Haye vom Feinde gar nicht besetzt werden; Wagnelée wurde ein ganz entscheidender Punkt und es würde wegen seiner weit zurückgezogenen Lage dem französischen Feldherrn sehr unbequem gewesen sein. Aber selbst nachdem la Haye von den Franzosen schon besetzt war, scheint es, hätte man besser gethan, sich mit der Besetzung von Wagnelée zu begnügen und so der Besetzung von la Haye Schach zu bieten. So lange Wagnelée, Bry und Ligny in unsern Händen waren, konnte der Feind unmöglich aus einem der beiden Dörfer St. Amand hervorbrechen; die ganze Lage schien vielmehr recht geeignet zu sein, Zeit zu gewinnen und dem Feinde furchtbare Verluste beizubringen. Erst wenn man an eine Entscheidung der ganzen Schlacht denken durfte, wäre es Zeit gewesen, über Wagnelée hervorzubrechen; dann mußte es aber mit mehr Nachhalt geschehen. Wollten sich aber die Verhältnisse nicht so zeigen, daß man von einem Rückstoße ein Umschlagen der ganzen Schlacht erwarten durfte, so mußte er ganz unterbleiben, denn zum bloßen Widerstande konnte man hier die Kräfte in der Vertheidigung weit besser benutzen.

Noch weniger läßt sich der Versuch des Generals Jagow rechtfertigen, aus Ligny hervorzubrechen; der glücklichste Erfolg, welcher eintreten konnte, war, daß General Jagow aufs freie Feld und mitten unter den französischen Divisionen in eine Lage gerieth, in der er sich nicht halten konnte und in welcher er ungeheuer verloren haben würde.

Unsere Generale haben zu sehr die Meinung, daß Avanciren besser sei als Stehen und Feuern. Jedes gehört an seinen Ort.

5. Wir verbrauchen unsere Truppen im stehenden Gefechte zu schnell. Unsere Offiziere rufen zu früh nach Unterstützung und sie wird ihnen zu leicht gewährt. Die Folge ist, daß wir, ohne Terrain zu gewinnen, mehr Leute aufwenden als die Franzosen, also mehr Todte und Verwundete haben und die frischen Massen früher in ausgebrannte Schlacken verwandeln.

Es bedarf wohl nicht der Bemerkung, daß, wenn es jetzt, mit Plänen und Uebersichten aller Art vor sich und den Begebenheiten hinter sich, leicht ist, die wirksamen Ursachen des Mißlingens aufzufinden und diejenigen herauszuheben, welche man, nachdem man alle Verwickelungen des Ereignisses durchdacht hat, als Fehler erkennt, dies nicht eben so leicht gedacht werden darf im Augenblick des Handelns. Das Handeln im Kriege gleicht einer Bewegung im erschwerenden Elemente, es sind schon nicht gemeine Eigenschaften erforderlich, um nur die Linie des Mittelmäßigen zu erreichen; darum ist die Kritik mehr als irgendwo im Fache des Krieges blos da, um die Wahrheit zu erkennen, nicht um ein Richteramt zu üben.

Zieht man die hier angegebenen Fehler in Betracht, überlegt man, daß die preußischen Truppen größtentheils aus Landwehren bestanden, die erst den zweiten Feldzug machten, daß darunter viele ganz neue Formationen waren aus Provinzen, die entweder nie oder nicht in der letzten Zeit zum preußischen Staate gehört hatten, daß die französische Armee, wenn auch neugebildet, doch größtentheils aus Elementen bestand, die der ersten Armee der Welt angehört hatten, daß Bonaparte der größte Feldherr seiner Zeit war, so kann man in dem allgemeinen Erfolge bei Ligny nichts Außerordentliches sehen. Es ist eine Schlacht, die 78,000 Mann gegen etwa 75,000 verlieren durch ein sanftes Umschlagen der Wage, nach langem Kampfe und ohne eigentlich glänzenden Erfolg für den Sieger; denn seine Trophäen bestanden aus 21 Geschützen und höchstens einigen Tausend Gefangenen.

34. Bonaparte.

1. Die einfachste Vorstellung, welche wir uns von Bonapartes ursprünglicher Angriffsidee machen können, ist, wie wir schon gesagt haben, die, daß er mit zwei Dritteln seiner Armee (75,000 Mann) gegen Blücher ging und ein Drittel (einige 40,000 Mann) gegen Wellington absandte, um das aufzuhalten, was von da her dem preußischen Feldherrn zu Hülfe eilen könnte; er hatte sich wohl berechnet, daß dies nicht gleich eine ganze Armee sein und daß jene 40,000 Mann, von einem Manne wie Ney geführt, ihm hinreichend Zeit verschaffen würden, seinen Sieg gegen Blücher zu vollenden. Der Gedanke, daß Ney zu dieser Schlacht mitwirken sollte, konnte am 15. und 16. früh in Charleroy noch nicht vorhanden sein, denn er bezog sich auf Blüchers Aufstellung, durch welche Bonaparte aber selbst überrascht war, und die zuerst den Gedanken in ihm hervorgerufen zu haben scheint, daß Ney, wenn er auf der Chaussee von Quatrebras nach Namur zurück detaschirte, im Stande sein würde, der Schlacht bei Ligny einen viel entscheidenderen Charakter zu geben. Ausgesprochen finden wir diese Idee zuerst in dem dritten von den angeführten Befehlen. Allein da dieses Mitwirken nur wie eine Nebenbestimmung in dem Befehle erscheint, und dies auch der ganzen Natur der Sache nach nicht anders möglich war, weil Bonaparte nicht wissen konnte, ob Ney im Stande sein werde einen Mann zu missen, und da dieser Befehl, um $2\frac{1}{4}$ Uhr geschrieben, bei der 3 Stunden großen Entfernung beider Schlachtfelder es sehr ungewiß ließ, ob die Mitwirkung Neys auch wegen der Zeit noch möglich sei, so

kann man diese Mitwirkung niemals als einen wesentlichen Theil seines Schlachtplanes ansehen und (wie Bonaparte uns glauben machen will) es nur für einen unglücklichen Zufall, für eine Verstümmlung des ursprünglichen Planes halten, daß die preußische Armee nicht von vorn und von hinten zugleich angegriffen wurde, was Bonaparte als ihren ganz unfehlbaren Untergang betrachtet.

2. Daß Bonaparte, anstatt die sich selbst darbietende preußische rechte Flanke zu umgehen und eine Kolonne über Wagnelée vordringen zu lassen, es vorzog mit der zweiten Kolonne auf Ligny zu gehen, ja in dieser Richtung den Hauptstoß zu thun, kann man also auch nicht als einen Plan ansehen, der aus jenem Rückenangriffe Neys hervorging und in Gemeinschaft mit diesem zum Untergange der preußischen Armee führen sollte, sondern diese Richtung seines Hauptstoßes hat wohl folgende Gründe:

a. So wie Bonaparte die preußische Stellung sah, hatte die preußische Armee ihren rechten Flügel im eigentlichen St. Amand, in Ligny die Mitte, in Sombreffe den linken Flügel. St. Amand=la=Haye schien schon in dem Rücken des rechten Flügels zu liegen. Er glaubte also, wenn er St. Amand angreife und eine Division nach la Haye marschiren ließe, so liege darin schon ein umfassender Angriff des rechten Flügels; damit wollte er nun den Angriff der Mitte verbinden, damit das Gefecht nicht auf einem zu schmalen Raume geführt, der Widerstand der Preußen dadurch zu nachhaltig und zu dauernd werde.

b. Der Stoß auf Ligny mußte dem preußischen rechten Flügel gefährlich werden; es ließ sich also erwarten, daß er den dortigen Widerstand erschüttern werde. Es konnte auch leicht sein, daß ein Theil dieses rechten Flügels dadurch ganz verloren ging.

c. Durch den Stoß auf Ligny wurde die preußische Armee in ihrer natürlichen Rückzugslinie bedroht und, im Fall sie diese durchaus halten wollte, in große Verluste verwickelt.

d. Endlich waren St. Amand und Ligny für die erste

Aufstellung der französischen Armee bei Fleurus die nächsten Angriffspunkte; ein weiteres Umgehen über Wagnelée hätte den Angriff vielleicht um eine ganze Stunde verzögert; es war aber, als Bonaparte die preußische Stellung rekognoscirte, schon Mittag vorüber, also nicht viel Zeit zu verlieren.

Auf diese Weise erscheinen die Gründe zu dieser Form des Angriffs aus den nächsten Umständen hinreichend motivirt, und diese nächsten Umstände sind immer diejenigen, welche im Kriege am stärksten bestimmen.

3. Will man die Sache aber aus einem umfassenderen Standpunkte betrachten, so muß man sich zuerst fragen, ob Bonaparte besser that, den Angriff auf Blücher so einzurichten, daß er ihn zu Wellington hintrieb, oder so, daß er ihn von Diesem abdrängte, und darauf allerdings antworten, daß das Letztere einen für den ganzen Feldzug mehr entscheidenden Erfolg hätte haben können.

Hätte Bonaparte mit dem rechten Flügel St. Amand angegriffen, mit dem linken Wagnelée und wäre mit einer dritten Kolonne gegen die Chaussee von Brüssel vorgedrungen, so würde die preußische Armee, im Falle sie die Schlacht verlor, genöthigt worden sein, längs der Römerstraße, also nach der Maas zurückzugehen und eine Vereinigung in den nächstfolgenden Tagen mit Wellington wäre sehr ungewiß, vielleicht unmöglich geworden.

4. Wäre Bülow Nachmittags eingetroffen, was möglich war, und dann mit Thielemann gemeinschaftlich zu einem Angriffe von Point du Jour aus verwendet worden, so mußte sich Bonaparte gegen einen überlegenen Feind in der nachtheiligsten Form schlagen, nämlich in beiden Flanken umfaßt, in der linken von Wagnelée aus, in der rechten von Point du Jour aus. Da nun Bülow von Lüttich her, also über Point du Jour zu erwarten war, so hätte dies ein neuer Grund für Bonaparte werden können, die preußische Armee mehr in ihrer rechten Flanke zu umgehen.

Ob Bonaparte diese Betrachtungen angestellt hat oder nicht, ob dabei die Besorgniß, trotz der Absendung Neys von der Seite von Brüssel her nicht sicher zu sein, mitgewirkt hat, wissen wir nicht. Wenn dies Letztere der Fall ist, so ist dadurch schon die Form seines Angriffs hinreichend gerechtfertigt. Hätte er aber keine Besorgnisse der Art gehabt und den Angriff blos nach den nächsten Rücksichten so eingerichtet, so könnte man allerdings sagen, daß dieser Plan seiner nicht ganz würdig und seiner gefahrvollen Lage nicht entsprechend war.

5. Man ist über die Gründe für die Bewegungen des ersten französischen Korps ganz in Ungewißheit. Gamot, der Vertheidiger Neys, ist überzeugt, Bonaparte habe es von Frasnes herangezogen, kann aber keinen Beweis führen. Bonaparte glaubt, Ney habe es aus Unentschlossenheit zur Deckung seines Rückens zurückgelassen. Daß Bonaparte es selbst herangezogen habe, ist fast unmöglich, denn wie hätte das Erscheinen desselben bei ihm die Besorgniß erregen können, daß es Engländer seien; wie hätte Erlon wieder umkehren, und wie hätte in den Dispositionen und Befehlen an Vandamme nicht die Rede von diesem Korps sein können! Man könnte aber fragen, warum Bonaparte, da das Korps einmal in der Nähe war, dasselbe nicht zum Umgehen Blüchers benutzt hat? Höchst wahrscheinlich war es zu spät. Etwa um halb 6 Uhr scheint er die Meldung von der Annäherung dieses Korps erhalten zu haben, bis sieben dauerte es, ehe ihm die Nachricht gebracht wurde, daß es Erlon sei; es würde eine Stunde hingegangen sein, ehe Erlon den Befehl bekommen hätte, und dann vielleicht noch eine Stunde, ehe er in der Gegend von Bry erscheinen konnte.

Doch ist dies nur ein Versuch, die Sache zu erklären, und es ist nicht zu läugnen, daß gerade aus der geringen Aufklärung, welche über die Bewegungen dieses Korps gegeben worden ist, ein gewisser Verdacht gegen Bonaparte hervorgeht. Gamot nennt den Obersten Laurent als den Ueberbringer des Befehls; warum tritt Dieser mit keiner Erklärung auf? Aus Rücksicht für Neys Andenken kann es nicht sein, denn selbst wenn der Oberst Laurent erklärte, daß er keinen Befehl Bonapartes zu anderweitiger Verwendung des ersten Korps überbracht habe, so würde daraus noch nicht viel gegen Ney folgen. Man kann sich diese Dunkelheit durchaus nicht anders erklären, als daß die Verehrung und Anhänglichkeit für den ehemaligen Kaiser Denen den Mund verschließt, welche sprechen könnten.

In jedem Falle ist dieses unnütze Hin- und Herziehen von 20,000 Mann in einem Augenblick, wo die Kräfte so nothwendig gebraucht wurden, ein ganz eminenter Fehler, der doch selbst dann, wenn Bonaparte das Korps nicht zurückgerufen hat, immer ein wenig auf ihn zurückfällt, insofern man doch glauben muß, daß die dem Marschall Ney gegebenen Instruktionen nicht klar und bestimmt genug waren.

Nimmt man alles dies zusammen, so kann man schon von diesem Tage sagen, daß Bonaparte seinem Schicksale nicht mehr ganz gewachsen war.

35. Das Treffen bei Quatrebras.

Wie die unter Neys Befehl gestellten Truppen am Morgen des 16. standen, haben wir gesehen. Ney ließ sein zweites Korps bei Gosselies und gab dem General Reille den Auftrag, Bonapartes Befehle zu erwarten; er selbst eilte zu seiner Avantgarde nach Frasnes und rekognoscirte den Feind, der den ganzen Vormittag über nur aus dem größten Theile der Division Perponcher und zwei Kavallerieregimentern bestand, also etwa 6- bis 8000 Mann betragen mochte.

Um 11 Uhr kam der General Flahault, Bonapartes Adjutant, nach Gosselies mit dem Befehle, daß Ney mit seinem Korps vorrücken und angreifen solle. Wahrscheinlich ist dies der Befehl, den Bonaparte erwähnt und von welchem er sagt, daß er um 11½ Uhr in Neys Händen gewesen sei. Ehe die dritte Division des zweiten Armeekorps Frasnes erreichte, wurde es 1 Uhr.

Um diese Zeit war also Ney mit 3 Divisionen Infanterie (des zweiten Korps) und 3 Divisionen Kavallerie (Kellermann und die Kavallerie des zweiten Korps), in Summa mit etwa 23,000 Mann und 48 Kanonen bei Frasnes. Er hatte die leichte Gardekavallerie hinter Frasnes zurückgelassen, weil Bonaparte dies ausdrücklich befohlen, und das erste Korps war noch auf dem Marsche.

Von Seiten der Verbündeten befand sich immer noch die Division Perponcher ihm allein gegenüber. Der Herzog von Wellington war um diese Zeit für seine Person bei Blücher; erst dort überzeugte er sich, daß die feindliche Hauptmacht gegen Blücher stehe, und nun erst scheint er den Befehl nach dem Ausgange des Waldes von Soigne geschickt zu haben, wo die Divisionen seiner Reserve seit 10 Uhr standen, sich nach Quatrebras in Bewegung zu setzen. Auf diese Weise wird es begreiflich, wie die erste dieser Divisionen, Picton, nicht vor 5 Uhr bei Quatrebras ankam. Denn von Bry bis Waterloo sind über 3 und von da bis Quatrebras über 2 Meilen.

Das Gefecht selbst fängt um 3 Uhr an und zerfällt in drei große Momente.

Im ersten wird die Division Perponcher von dem Terrain vertrieben, welches sie ungefähr halben Weges von Quatrebras nach Frasnes eingenommen hat. Sie verliert dabei 4 Geschütze und zieht sich zum Theil in das Holz von Bossu zurück.

Im zweiten stellt die Division Picton, welche etwa um 5 Uhr ankommt, das Gefecht wieder her, nimmt eine Stellung längs der Chaussee von Namur und läßt auf ihrem linken Flügel das Dorf Pierremont wieder nehmen. Die Braunschweiger kommen etwas später an, rücken auf der Chaussee nach Charleroy vor, wo sie die Schäferei besetzen. Nun sind beide Theile ungefähr im Gleichgewicht, denn Wellington ist nun auch einige 20,000 Mann stark, nur hat Wellington nicht mehr als etwa 1800 Mamm Kavallerie und Ney etwa 4000.

Der Kampf bleibt nun ein Paar Stunden im Gleichgewicht. Die Franzosen nehmen das Dorf Pierremont wieder und erhalten sich in dem auf der Chaussee liegenden Pachthofe Gemioncourt. Ney erhält die späteren, sehr dringenden Befehle Bonapartes, vorzudringen, seinen Gegner zu überwältigen und sogar noch zu der Schlacht bei Ligny mitzuwirken. Er zieht seine Reserve, die Division Jerome, ins Gefecht und macht mit seiner überlegenen Kavallerie die höchsten Anstrengungen, um auf der Chaussee gegen Quatrebras vorzudringen. Wahrscheinlich schickt er um diese Zeit den Befehl an Erlon, herbeizueilen, auf welchen dieser etwa um 8 Uhr aus der Gegend von Villers-Perwin umgekehrt ist. Die Anstrengungen der französischen Kavallerie haben die Folge, daß sie 6 oder 8 Kanonen nimmt, ein Paar Bataillone überreitet und zum Theil bis ins zweite Treffen von Picton vordringt. Aber zu einem allgemeinen Erfolge führen sie nicht; Piré sowohl wie Kellermann müssen immer wieder zurück, wenn das Feuer von allen Seiten auf sie los strömt. Indessen scheint bei diesem Kampfe sich doch im Allgemeinen der Vortheil auf Seite der Franzosen zu zeigen; sie bringen in dem Walde von Bossu immer weiter vor.

Dritter Moment. Es kommen etwa zwischen 7 und 8 Uhr die Divisionen Cook und Alten an, welche den rechten Flügel des Prinzen von Oranien bilden. Die Division Cook wird auf dem rechten Flügel im Walde von Bossu, die Division Alten auf dem linken gegen das Dorf Pierremont gebraucht; beide überwältigen den Feind und entscheiden so die allgemeine Wendung des Gefechts. Indessen ist der Widerstand der Franzosen doch sehr hartnäckig und erst um 10 Uhr werden die Verbündeten Meister der Meierei von Gemioncourt. Ney zieht sich bis vor Frasnes zurück, wo er seine Aufstellung nimmt. Der Verlust war ungefähr gleich und wurde auf jeder Seite auf 4- bis 5000 Mann geschätzt.

36. Betrachtung.

Bonaparte und alle Kritiker hinter ihm her haben ein gewaltiges Geschrei erhoben, daß Ney versäumt habe, sich des Postens von Quatrebras zu bemächtigen, ehe eine bedeutende Macht der Engländer herbeikam; gerade als ob der Punkt von Quatrebras eine Festung wäre, die, einmal erobert, den ganzen Zweck der Anstrengung vollkommen erfüllt. Der Ausdruck „Posten" ist hier eine von jenen Terminologieen, die, wenn man sie blindlings wie algebraische Formeln gebraucht, zu hohlen Phrasen und leeren Behauptungen führen.

Ney hatte die Bestimmung, alles abzuhalten, was von Wellington den Preußen zu Hülfe kommen könnte. Dies konnte geschehen, indem er dasjenige Korps, welches diese Absicht hatte, entweder aus dem Felde schlug oder nur aufhielt und sein Vorrücken unmöglich machte. Zu dem Ersteren gehörte einige Ueberlegenheit, zu dem Letzteren eine gute Stellung.

Was die Macht betrifft, auf die Ney zu stoßen sich Rechnung machen konnte, so war sie für ihn schwer zu schätzen; es war nämlich nicht allein alles, was im Laufe des 16., sondern auch was bis zum 17. Mittags gegen ihn versammelt werden konnte. Wir haben gesehen, daß das ziemlich die ganze englisch-niederländische Armee war, oder doch wenigstens 80,000 Mann derselben sein konnten. Im ersten Augenblicke traf er bei Frasnes und bei Quatrebras sehr wenig an, das konnte er auch allenfalls vorhersehen, wenigstens viel weniger, als er selbst hatte; schlug er dies Wenige, so war das ein kleiner Vortheil, aber war es auch eine so wirksame Einleitung zum allgemeinen Siege, daß er es als eine Garantie desselben ansehen konnte? Unmöglich! Gesetzt er hätte den 15. Abends oder den 16. in aller Frühe geschlagen, was er von der Division Perponcher vor sich hatte, und wäre nachgedrungen, so würde natürlich ein Feldherr wie Wellington seine Maßregeln darnach eingerichtet, etwas weiter zurück eine Stellung mit den zuerst ankommenden Reserven gewählt, in dieser die geschlagene Division aufgenommen und nun durch Widerstand die Zeit gewonnen haben, seine anderen Divisionen und Korps herbeizuziehen. Je weiter Ney vordrang, um so mehr beschleunigte er den Zeitpunkt, wo Wellington vereinigt war. Wie kühn und wie glücklich er also auch war, es mußte immer zu einem großen Mißverhältnisse der Macht und in eine sehr gefährliche Lage führen. Um diese Folgerung nicht einzuräumen, müßte man annehmen, daß die Armee des Herzogs von Wellington durch Ney förmlich auseinander gesprengt, in Verwirrung gebracht und einzelne Divisionen aufgerieben worden wären u. s. w., eine Voraussetzung, die rein illusorisch sein würde.

Nun wird man wohl sagen, daß, wenn Ney sich am Abend des 16. oder am Morgen des 17. auch einem sehr überlegenen Feinde gegenüber befunden hätte, der Zweck vollkommen erreicht gewesen wäre, diesen Feind von der Mitwirkung bei Ligny abzuhalten, und daß der Marschall sich dann zurückziehen konnte. Aber konnte denn Ney mit solcher Bestimmtheit wissen, daß die überlegene Macht nicht schon den 16. Mittags ihm gegenüber stehen würde; konnte er, der angewiesen war auf einer Straße tête baissée vorzubringen, wissen, ob er nicht, wenn er dann zuletzt den Kopf und die Augen aufhöbe, von feindlichen Kolonnen rechts und vor allem links umgangen und in seiner Stellung festgehalten sein würde? Konnte ihm da nicht Vandammes Schicksal 1813 einfallen? Von welchem Feldherrn hat man je verlangt, daß er mit 40,000 Mann auf einer einzigen Straße mitten zwischen den feindlichen Korps vordringen solle?

Man sieht, wenn man diesen Betrachtungen folgt, daß Ney doch niemals daran denken konnte, durch seine Offensive den Feind, der von dieser Seite kam, zu Paaren zu treiben, sondern daß sein Ziel nichts Anderes sein konnte, als etwa den Punkt von Quatrebras zu gewinnen, und, was schon dort sein konnte, zu vertreiben, und mehr hat auch Bonaparte von ihm nicht verlangt. Man kommt also dahin, den Punkt von Quatrebras als eine sehr gute Stellung zu betrachten, vermittelst welcher der französische Marschall im Stande war, einen überlegenen Feind im Laufe des 16. aufzuhalten.

Ist denn nun der Punkt von Quatrebras eine solche Stellung? Indem man sich immer des Ausdrucks „Posten" bedient, scheint man es vorauszusetzen; diese Voraussetzung ist aber eine ganz wolfeile, denn kein Mensch hat es bewiesen, sogar hat es keiner behauptet, ja es hat keiner auch nur davon gesprochen. Eine solche unbegründete Voraussetzung kann man aber in der Kritik durchaus nicht gelten lassen.

Um über den Punkt von Quatrebras als Stellung für Ney ein Urtheil zu haben, müßte man dagewesen sein, denn Stellungen lassen sich durchaus nicht nach Plänen beurtheilen; man hat aber nicht einmal einen guten Plan von jener Gegend. Im Allgemeinen muß man aber sagen, daß jeder solcher Kreuzpunkt der Straßen einer Stellung nachtheilig ist, weil man seine Rückzugsstraße nicht gut senkrecht hinter sich haben kann. Aber gesetzt auch der Punkt von Quatrebras wäre eine recht gute Stellung, so war er doch gewiß niemals eine starke, und da Ney nicht Zeit hatte, sich darin einzurichten, so war von der Mitwirkung dieser Stellung nicht so viel zu erwarten, um auf einen glücklichen Widerstand gegen einen sehr überlegenen Feind zu rechnen.

Bonaparte hat dem Marschall Ney den Punkt von Quatrebras bestimmt, weil dort beide Chausseen zusammentreffen und also der Weg von Brüssel nach Namur, d. h. von Wellington zu den Preußen, abgeschnitten wird. Nichts war natürlicher als diese Bestimmung, und wenn es vom Marschall Ney abgehangen hätte, sie ohne Gefahr zu erfüllen, so würde er Unrecht gehabt haben, es zu unterlassen. Aber da Wellington durch das Erscheinen Neys bei Frasnes dennoch verhindert worden ist, den Preußen auf der Chaussee nach Namur zu Hülfe zu kommen, so ist jene Versäumniß ganz ohne Folgen geblieben und man kann nach den Betrachtungen, welche wir hier angestellt haben, dreist behaupten, daß, was Ney auch am 15. Abends oder 16. Morgens that, die gegen ihn und durch ihn herbeigeführten Ereignisse entweder im Wesentlichen gar nicht anders ausgefallen sein würden, als sie ausgefallen sind, oder viel schlimmer für das französische Korps.

Ney hat seinen Zweck, die Wellingtonsche Hülfe abzuhalten, vollkommen erfüllt; auf die Idee seiner Mitwirkung zur Schlacht von Ligny ist Bonaparte erst später, nämlich nach seiner Rekognoscirung der Blücherschen Stellung, gekommen, und weil er von der Seite von Ney noch nichts von einem beträchtlichen Feinde hörte. Damals war es aber zur Ausführung zu spät.

Hätte er diese Idee am Abend des 15. gehabt, so wäre es thöricht gewesen, Ney so stark zu machen; er würde dann lieber ein Korps die Römer=Straße hinunter gesandt haben, um Blücher in dem Rücken zu fassen. Ney erst stark und nachher schwach zu machen wäre ja verkehrt gewesen, da er im ersten Augenblick allenfalls schwach sein konnte, aber mit jeder Stunde mit mehr Feinden zu thun bekam.

Dieser ganze Lärm gegen Ney ist daher von Seiten Bonapartes nichts als der Wunsch, seine Pläne glänzender und großartiger darzustellen, als sie im Augenblicke des Handelns wirklich waren; seine Bestimmungen waren viel einfacher und gewöhnlicher, und unmöglich konnte der Marschall in einem Sinne handeln, der den Dingen erst später untergelegt worden ist.

Allerdings konnte Ney früh Morgens Perponcher vertrieben haben und bei Quatrebras stehen, allerdings konnte er ein ganzes Korps sogar auf der Chaussee von Namur den Preußen in die rechte Flanke schicken, ohne daß die Begebenheiten bei Quatrebras darum viel ungünstiger für ihn ausgefallen wären; aber daß er das konnte, sehen wir Alle nur jetzt, nachdem wir alle zufälligen Umstände, die nicht vorherzusehen waren, mit in Rechnung bringen.

37. Märsche am 17. Blücher.

Der Rückzug des ersten und zweiten preußischen Korps hatte theils in der Nacht, theils den 17. am Morgen über Tilly nach Wavre statt. Der des dritten Armeekorps, welcher erst des Morgens um 4 oder 5 Uhr angetreten wurde, war auf Gemblour gerichtet, um von da auf Wavre zu gehen.

Das erste und zweite Korps kamen den 17. Mittags nach Wavre und nahmen auf beiden Seiten der Dyle ihre Aufstellung, indem sie einen Theil ihrer Kavallerie als Arrieregarde ein Paar Stunden hinter sich ließen. Das dritte Korps blieb bis Mittags 2 Uhr bei Gemblour und ging dann nach Wavre, wo es erst Abends eintraf. Das vierte Korps hatte die Nacht zum 17. bei haute et basse Baudeset, 2 Stunden hinter Gemblour, zugebracht und ging im Laufe des 17. nach Dion=le=Mont, wo es sich zur Aufnahme der übrigen Korps aufstellte.

Während die preußischen Korps den größten Theil dieser Bewegungen ausführten d. h. bis Mittag den 17., geschah von Seiten der Franzosen sehr wenig zu ihrer Verfolgung.

Bonaparte hatte in der Nacht dem General Pajol mit seinem Kavalleriekorps und der Division Teste vom sechsten Korps die erste Verfolgung Blüchers aufgetragen. Dieser General setzte sich den 17. des Morgens in Bewegung und suchte die Preußen zuerst auf der Straße von Namur. Unbegreiflich ist es, daß die Franzosen das dritte preußische Armeekorps nicht haben den Weg nach Gemblour einschlagen sehen, da es erst bei hellem Tage abzog, und noch unbegreiflicher die Voraussetzung, daß Blücher mit der ganzen Armee nach Namur gegangen sein würde. Sie wurde einigermaßen durch eine preußische Batterie des zweiten Korps veranlaßt, die eben von Namur ankam, als sie den Verlust der Schlacht erfuhr, dahin zurückkehren wollte und auf dem Wege genommen wurde. Indessen scheint doch vorzüglich Grouchy, von dem Pajol wohl seine nähere Instruktion erhalten hatte, an dieser verkehrten Idee Schuld zu sein. Grouchy selbst sollte gleichfalls folgen, da aber die Truppen durchaus einiger Stunden Erholung bedurften, so übereilte Bonaparte sich nicht mit Abfertigung dieses Generals, sondern nahm ihn den 17. Vormittags mit auf das Schlachtfeld und entließ ihn nicht vor 12 Uhr. Es wurden ihm die Korps von Gérard und Vandamme, die Division Teste vom sechsten Korps, das Kavalleriekorps Excelmans und das halbe von Pajol überwiesen, was zusammen eine Masse von 35,000 Mann bildete.

Pajol war, wie wir gesagt haben, schon früh in Bewegung gesetzt, Excelmans wurde etwas später auf die Straße von Gemblour gesandt, aber die beiden Korps von Gérard und Vandamme standen um drei Uhr noch in ihrem alten Bivouac bei Ligny und St. Amand, und es wurde Abend, ehe Grouchy im Stande war sie bei Point du Jour zu vereinigen.

Die Absicht Bonapartes war, durch Grouchy den Feldmarschall Blücher gehörig in den Trab zu setzen, damit er nicht so bald an eine Unterstützung Wellingtons denken konnte; er selbst wollte sich mit den übrigen 30,000 Mann zu Ney wenden, dadurch eine Macht von etwa 70,000 Mann gegen Wellington vereinigen und nun gegen Diesen einen zweiten Sieg erhalten.

Da er seinen Truppen bis zum 17. Mittags Ruhe gönnen mußte, so konnte er nicht vor dem 17. Abends gegen Wellington stehen und diese zweite Schlacht nicht vor dem 18. eintreten.

Bonaparte soll den Marschall Grouchy angewiesen haben, sich zwischen Blücher und der Straße von Namur nach Brüssel zu halten; denn auf dieser Straße mußte sich die zweite Schlacht zutragen, und es blieb also dann am ersten die Möglichkeit, Grouchy dabei mitwirken zu lassen. Aber von einer solchen Ordre findet sich nirgends etwas, als in der wenig glaubhaften Erzählung Bonapartes und Derer, die ihm nachgeschrieben haben. Die Darstellung, welche Grouchy von den Bewegungen am 17. giebt, trägt zu sehr den Charakter einer einfachen Wahrheit, um sie nicht glaubwürdig zu finden, und danach war die Instruktion Bonapartes ganz allgemein auf die Verfolgung Blüchers gerichtet und in sehr unbestimmten Ausdrücken abgefaßt. Am 18. des Morgens um zehn Uhr gab Bonaparte einen solchen Befehl an Grouchy, aber wie konnte dieser noch wirksam werden! Er traf Grouchy schon vor Wavre.

Bonaparte glaubte keineswegs, wie er es in seinen Mémoires glauben machen will, daß Blücher nach Wavre gehen werde, um sich wieder an Wellington anzuschließen, sondern er setzte ohne Weiteres voraus, daß dieser General vor allen Dingen sich mit seinem vierten Korps zu vereinigen suchen und dann die Richtung gegen die Maas nehmen werde. Er meinte, 35,000 Mann unter einem entschlossenen Führer würden die Preußen in den ersten Tagen nicht zum Stehen kommen lassen und er werde also seine Schlacht gegen Wellington schlagen können, ohne etwas von ihnen zu befürchten.

Es ist ein höchst merkwürdiger Umstand, daß die preußische Armee am 17. früh gar nicht in der Richtung auf Tilly und Gentinnes, wohin doch zwei Korps gegangen waren, sondern nur in der Richtung auf Gemblour, wohin nur eins gegangen war, und von Namur, wohin keins gegangen war, verfolgt und aufgesucht wurde. Man kann sich diesen wunderbaren Umstand fast nicht anders erklären, als dadurch, daß Bonaparte die Verfolgung gerade dem Marschall Grouchy auftrug, dessen beide Kavalleriekorps den ganzen Tag gegen Thielemann gestanden und das Gesicht nach Gemblour gehabt hatten. Hätte er der Kavallerie der Garde und des dritten Korps die Verfolgung aufgetragen, so würde diese die Fährte besser aufgefunden haben. Die manière large, in der er alles betrieb, verhinderte ihn, Grouchy genauere Instruktionen zu geben. Auch scheint Bonaparte selbst zu sehr von dem Gedanken erfüllt gewesen zu sein, daß Blücher an die Maas gehen müsse, um an eine andere Richtung als nach Gemblour und in der Römer-Straße zu denken. Wenigstens sehen wir aus einem von Gamot mitgetheilten Schreiben des Marschalls Soult an Ney aus Fleurus vom 17., daß die Verfolgung auf den beiden Straßen von Gemblour und Namur in der Absicht Bonapartes liegen mußte, weil ihrer darin gedacht ist. Dies waren offenbar Richtungen, um die preußische Armee auf ihrem Wege zur Maas zu beunruhigen, aber keineswegs um ihr den Weg zu Wellington zu verlegen. Hätte Bonaparte den Gedanken gehabt, Blücher gehe nach Wavre, so wäre es natürlicher gewesen, ein starkes Korps auf dem linken Ufer der Dyle dahin zu senden.

Die Bewegung Pajols erst in der Richtung auf Namur, dann nach St. Denis zwischen Namur und Gemblour und dann wieder zurück nach Mazy ist noch zu wenig aufgeklärt; ob Grouchy oder ob Bonaparte diese wunderliche Bewegung angeordnet hat, bleibt unausgemacht; aber die Folge davon war, daß Pajol, nachdem er mit seinem Korps und der Division Teste den ganzen 17. zwecklos umhergeirrt war, sich am Abend noch bei Mazy d. h. ungefähr noch auf dem Schlachtfelde befand.

Auch Grouchy mit dem dritten und vierten Korps konnte*) nicht vor 10 Uhr Abends die Gegend von Gembloux erreichen, wo sie die Nacht bleiben mußten, während Excelmans gegen Sarte-lez-Walhain vorgeschoben wurde. Aber auch dieses Korps bezog Quartiere und hatte nur zwei Regimenter als Avantgarde vor sich.

Das Hauptresultat dieses Tages und auf dieser Seite ist also, daß die Franzosen die preußische Armee so gut wie gar nicht verfolgten, Blücher unbelästigt nach Wavre kam und dort seine Korps am 17. Abends vereinigen konnte.

Wenn man hier auf einen so großen Unterschied von dem früheren Verfahren der Franzosen zu stoßen scheint, so muß man sich auch die Verschiedenheit der Lage gehörig denken. Die außerordentliche Energie im Verfolgen, welcher Bonaparte in seinen früheren Feldzügen so glänzende Resultate verdankt, war ein einfaches Nachschieben sehr überlegener Kräfte hinter einen ganz überwundenen Feind. Jetzt aber mußte er sich mit seiner Hauptmasse und namentlich mit den frischesten Korps gegen einen neuen Feind wenden, über den der Sieg erst noch erhalten werden sollte. Was verfolgen sollte, waren das dritte und vierte Korps, gerade die beiden, die sich bis 10 Uhr Abends im blutigsten Gefechte befunden hatten und nun nothwendig etwas Zeit brauchten, sich wieder zu ordnen, zu stärken und mit Munition zu versehen. Die Kavalleriekorps hatten freilich nicht gelitten und hätten also wohl die preußische Arrieregarde früh drängen können; daß sie es nicht thaten, mag ein Fehler sein, aber die bloße Kavallerie würde keine solchen Resultate haben herbeiführen können, wie das allgemeine Nachrücken der Franzosen nach ihren früheren Siegen sie gegeben hat, denn die Gegend ist zu durchschnitten, um mit bloßer Kavallerie viel ausrichten zu können.

---

*) Weil beide Korps in einer Straße zogen.

Blücher hatte seine natürliche Rückzugslinie aufgegeben, um mit dem Herzoge von Wellington in Verbindung zu bleiben; denn da die erste Schlacht gewissermaßen verpfuscht war, so war er zu einer zweiten entschlossen und ließ den Herzog von Wellington wissen, daß er ihm mit seiner ganzen Armee zu Hülfe kommen wolle.

Blücher hatte nämlich, da seine Arrieregarde gar nicht gedrängt worden war und er nicht wußte, was aus den Franzosen geworden war, die natürliche Idee gefaßt, Bonaparte habe sich mit seiner ganzen Macht gegen Wellington gewendet; er glaubte also nur wenig Truppen an dem Defilee von Wavre lassen zu müssen, um mit dem Ganzen zum Herzoge stoßen zu können.

Dieser Entschluß Blüchers ist unstreitig des höchsten Lobes würdig. Gegen alle Vorspiegelungen, welche in solchem Falle hergebrachte Regeln und falsche Klugheit eingeben mußten, folgte er dem gesunden Menschenverstande, entschlossen, sich am 18. zu Wellington zu wenden und lieber aus seinem Kriegstheater gewissermaßen auszuwandern, als die Sachen halb zu thun. Die Schlacht, welche er verloren hatte, war keine Niederlage, sie hatte die Gesammtmacht seiner Kräfte etwa nur um ein Sechstel vermindert, mit fast 100,000 Mann konnte er die Schlacht, welche dem Herzoge von Wellington bevorstand, zu einem unzweifelhaften Siege machen; dazu kam das Bedürfniß, den Fleck abzuwaschen, welchen die Waffenehre am 16. bekommen, und den Ruhm zu erwerben, einem Bundesgenossen beizustehen, selbst über alle Erwartung beizustehen, der ihm gegen alle Erwartung am Tage vorher nicht hatte beistehen können. Es konnte keine großartigeren, Verstand und Herz mehr ansprechenden Motive geben.

Die Bewegungen Blüchers am 18. wollen wir angeben, wenn wir seines Antheils an der Schlacht am 18. gedenken.

38. Wellington am 17. und 18.

Wellington hatte am Abende des 16. das Korps des Prinzen von Oranien und die Reserven bei Quatrebras beisammen, mit Ausnahme der Division Chassé und zweier niederländischer Kavalleriebrigaden, die bei Nivelles blieben. In der Nacht und am Morgen des 17. trafen vom Korps des Lords Hill, welches den rechten Flügel gebildet hatte, die Division Clinton und eine Brigade der Division Colville ein; das Uebrige vom Hillschen Korps versammelte sich unter Prinz Friedrich der Niederlande bei Hal.

Wellington war also am Morgen des 17. bei Quatrebras und Nivelles etwa 70,000 Mann stark. Er erfuhr Blüchers Rückzug um 7 Uhr, ließ seine Truppen abkochen und trat um 10 Uhr den Rückzug nach der Stellung von Mont St. Jean, vor dem Bois de Soigne an, wo er ein gutes Schlachtfeld gefunden, und im Fall Blücher ihm mit zwei Korps, also etwa 50,000 Mann, zu Hülfe kommen konnte, die Schlacht anzunehmen beschlossen hatte.

Ney hatte früh Morgens gegen die Arrieregarde Wellingtons anrücken sollen; da aber der Herzog nicht vor 10 Uhr aus seiner Stellung abmarschirte, so hatte Ney auch nicht vorrücken können. Da der Herzog seine zahlreiche Kavallerie, 7- bis 8000 Pferde, zurückließ, so bemerkten die Franzosen den Abmarsch nicht sogleich, daher blieb Ney bis 1 Uhr ruhig in seinem Bivouac bei Frasnes.

Bonaparte hatte um Mittag das sechste Korps, die Garden, das Kavalleriekorps von Milhaud, eine Division des Korps von Pajol und die zum dritten Korps gehörige Kavalleriedivision Domon, d. h. seine ganze Macht auf der Chaussee von Namur nach Quatrebras in Bewegung gesetzt, bis auf die einzige Division Girard, die nach Bonapartes Aeußerung absichtlich bei St. Amand zurückgelassen wurde, weil sie zu viel gelitten hatte, die aber ohne allen Zweifel vergessen worden ist, was sich um so eher erklären läßt, als sie zum zweiten Korps gehörte, also keiner der anderen Korpskommandanten sich um sie bekümmerte und der General Girard, welcher sie kommandirt hatte, schwer blessirt war. Sie absichtlich zurückzulassen, wäre unstreitig ein noch größerer Fehler gewesen, als sie zu vergessen.

Um 2 Uhr rückte diese Truppenmasse aus der Gegend des Dorfes Marbais auf der Chaussee gegen Quatrebras vor und der Marschall Ney wurde scheltend angetrieben gleichfalls vorzurücken. Die englische Kavallerie trat ihren Rückzug an, die beiden französischen Kolonnen vereinigten sich auf der Brüsseler Straße und rückten nach, bis sie gegen Abend bei Mont St. Jean auf einen stärkeren Widerstand stießen und Bonaparte sich überzeugte, daß er sich vor der englischen Armee selbst befinde. Ein strömender Regen, außerordentlich schlechte Wege auf und neben der Chaussee hatten den Marsch aufgehalten, die Truppen sehr ermüdet, und es konnte also um so weniger der Gedanke entstehen, noch an demselben Tage die Schlacht zu liefern. Bonaparte stellte sein Heer vor Plancenoit auf und nahm sein Hauptquartier in Caillou.

39. Die Schlacht von Belle-Alliance. Wellingtons Aufstellung.

Wellington hatte seine Armee, mit Ausschluß der 19,000 Mann, welche bei Hal standen, den 18. Morgens bei Mont St. Jean 68,000 Mann stark versammelt.

Seine Aufstellung war im Augenblick, als die Schlacht begann, mit dem rechten Flügel auf der Chaussee von Nivelles, mit der Mitte hinter la Haye sainte, mit dem linken hinter den Gehöften Smouhen, Papelotte und la Haye.

Zwischen den beiden Chausseen bildete ein sanfter Abhang des Bodens und links der Chaussee von Namur ein Hohlweg das Hinderniß des Zugangs auf der Fronte. Im Grunde hatten beide Flügel keine eigentlichen Anlehnungen, aber der rechte war doch durch die Orte Merbes, Braine und Braine la Leud, der linke durch den Grund von Frichermont mittelbar etwas geschützt. Hinter der Fronte in der Entfernung von einer Stunde

lag das Holz von Soigne, welches Bonaparte und viele Kunst=
richter als einen Abgrund für Wellingtons Heer ansehen, im
Fall er die Schlacht verlor, welches aber doch wohl nicht von
solcher Beschaffenheit gewesen sein muß, wie dabei vorausgesetzt
wird, weil sonst ein so behutsamer Feldherr wie Wellington es
nicht so nahe im Rücken genommen hätte. Ein Wald, der
von vielen Wegen durchschnitten ist, scheint gerade ein großes
Schutzmittel für eine geschlagene Armee zu sein.

Die Aufstellung des Herzogs war im Allgemeinen unge=
fähr so, daß die Fronte etwa 5000 Schritt betrug, auf welchen
30 Bataillone in erster Linie standen, etwa 13 in zweiter, 60
Schwadronen in dritter und vierter Linie, und daß außerdem
noch 38 Bataillone und 33 Schwadronen auf anderen, weiter
rückwärts oder seitwärts gelegenen Punkten aufgestellt als Re=
serven betrachtet werden konnten. Die Aufstellung konnte also
außerordentlich tief genannt werden.

Vor der Fronte lagen drei Punkte: die Meierei Hougomont
1000 Schritt vor dem rechten Flügel, la Haye sainte 500 Schritt
vor der Mitte auf der Chaussee, und la Haye 1000 Schritt vor
dem linken Flügel. Alle drei waren mit Infanterie besetzt und
zur Vertheidigung mehr oder weniger eingerichtet.

Wellington erwartete von der ganzen französischen Armee
angegriffen zu werden, indem es möglich war, daß Bonaparte
gegen Blücher nur etwas Kavallerie gelassen hatte. Er hätte
es dann mit 68,000 Mann gegen etwa 100,000 zu thun gehabt
und mußte auf Blüchers Mitwirkung rechnen. Für diese hatte
er bereits den 17. die Zusage erhalten. Es kam also für ihn
alles darauf an, so lange in der Vertheidigung zu widerstehen,
bis Blücher angekommen sein würde. Die Mitwirkung Blüchers
machte sich dann von selbst, theils durch Unterstützung des linken
Flügels der Verbündeten, theils durch einen Anfall in die rechte
Flanke der Franzosen. Der Beistand Blüchers war also in je=
dem Falle offensiver Natur, und um so angemessener war es,
daß Wellington sich ganz auf die Vertheidigung beschränkte und
alle Vortheile des Bodens dabei zu erschöpfen suchte. Wavre

ist von Wellingtons Schlachtfeld ungefähr zwei Meilen entfernt. Von dem Augenblicke, wo Herzog Wellington den Feind auf seiner Fronte erscheinen sah, bis zu Blüchers Ankunft würden also etwa sechs bis acht Stunden verflossen sein, wenn Blücher nicht überhaupt schon früher abmarschirt wäre; in dieser Zeit kann aber eine Schlacht gegen 70,000 Mann nicht eingeleitet, durchgefochten und entschieden sein; es war also nicht zu fürchten, daß Wellington geschlagen sein könnte, ehe Blücher ankam.

40. Bonapartes Angriffsplan.

Bonaparte läßt seine Korps erst ziemlich spät aus ihren Lagern aufbrechen, wie er zu verstehen giebt, um dem vom Regen durchnäßten Boden Zeit zu geben, etwas abzutrocknen. Dann verliert er ein Paar Stunden Zeit, um sie vor Belle-Alliance in einer der englischen Stellung parallel laufenden, 2500 Schritt davon entfernten Linie von zwei Treffen Infanterie und einem britten und vierten Kavallerie zu formiren. Erst um 11 Uhr ist dies alles bewerkstelligt.

Diese Paradeaufstellung, an deren Anblick er sich noch in der Erinnerung zu ergötzen scheint, hat etwas Auffallendes. Sie ist ganz ungewöhnlich, denn man findet sie in keiner der Bonapartischen Schlachten; sie ist ganz unnütz, denn die Korps müssen sich zum Angriff doch erst wieder in Kolonnen setzen. Anstatt seine Kräfte dem Feinde so viel als möglich zu verbergen, wie Jeder thut, und unvermerkt zu nähern, läßt er sie sich so breit und systematisch wie möglich entwickeln, als käme es nur darauf an, ein Schaugericht zu geben. Man kann sich hierzu nur drei Veranlassungen denken. Entweder wollte er seinen eigenen Leuten damit den Muth steigern, oder er wollte dem Gegner imponiren, oder es war ausschweifende Spielerei eines nicht mehr ganz im Gleichgewicht stehenden Geistes.

Ob es ein wahrer Parallelangriff werden sollte, ob vorzugsweise das Centrum durchbrochen oder ein Flügel geworfen werden sollte, das ist man nicht im Stande klar einzusehen, weder aus den Maßregeln, die ergriffen wurden, noch aus der

Wendung, welche das Gefecht nahm, und am wenigsten aus dem, was Bonaparte selbst über seinen Plan sagt.

Nach der Vertheilung der Kräfte und dem ersten Anrücken war es ein reiner Parallelangriff, nach den Hauptbestrebungen im Verlaufe der Schlacht sollte das Centrum durchbrochen werden. Dies Letztere scheint aber mehr die Eingebung augenblicklicher Noth als reiner Plan gewesen zu sein, und wir haben von den Angriffsanordnungen nur folgende, nicht sehr charakteristische Hauptmomente anzugeben.

Das zweite Korps (Reille), unterstützt von dem Kavalleriekorps Kellermann und der Gardekavalleriedivision Guyot, in Summa also 3 Infanterie- und 4 Kavalleriedivisionen, griffen den feindlichen rechten Flügel an.

Zwei Divisionen des ersten Korps (Erlon), unterstützt vom sechsten, welches nur zwei Divisionen bei sich hatte (Lobau), von 2 Kavalleriedivisionen, dem Kavalleriekorps von Milhaud und 1 Gardekavalleriedivision, in Summa also 4 Divisionen Infanterie und 5 Divisionen Kavallerie sind für das Centrum bestimmt.

Zwei Divisionen Infanterie des ersten Korps und eine Division Kavallerie für den Angriff des linken Flügels.

Die Infanterie der Garde bleibt im Rücken des Centrums zur Reserve.

Irgend ein anderer ordnender Gedanke für diesen Angriff findet sich nirgends, wenigstens kein verständlicher; denn was Bonaparte selbst von der Absicht sagt, den linken Flügel Wellingtons anzugreifen, steht mit sich selbst und mit dem Hergange der Schlacht im Widerspruch, wie wir später sehen werden.

An eine Ankunft und Mitwirkung Blüchers hatte Bonaparte ganz und gar nicht gedacht, wie sich aus allen Anordnungen beweisen läßt. Vielmehr hatte er hier wie bei Ligny auf eine Mitwirkung seines detaschirten Flügels einigermaßen gerechnet; er hatte hier an Grouchy wie dort an Ney Befehle der Art gegeben, aber hier wie dort zu unbestimmt, zu spät und zu wenig in Uebereinstimmung mit Raum, Zeit und Verhältnissen; wir werden davon später sprechen und gedenken dessen hier nur, weil es einigermaßen in den Schlachtplan gehört; aber freilich nur einigermaßen, denn im Ernst scheint Bonaparte auf diese Mitwirkung selbst nicht sehr gezählt zu haben.

41. Die Hauptmomente der Schlacht. Vertheidigung Wellingtons.

Die Schlacht zerfällt augenscheinlich in zwei verschiedene Akte: den Widerstand Wellingtons und den Angriff der Preußen in der rechten Flanke der Franzosen. Die Schlacht, also der Widerstand Wellingtons, fing um 12 Uhr an, die Mitwirkung der Preußen trat erst um halb 5 Uhr ein und die Schlacht endigte mit dem Dunkelwerden, also zwischen 8 und 9 Uhr.

Der Angriff der Franzosen auf die Stellung Wellingtons läßt sich, wie es uns scheint, nur etwa auf folgende Art gruppiren.

1. Das Korps von Reille greift um Mittag die Meierei Hougomont mit seiner linken Flügeldivision (Jerome) an, während die beiden anderen in Reserve bleiben. Die Franzosen werden Meister des kleinen Holzes, aber nicht der Gebäude; der Posten wird von den englischen Garden, die auf dem rechten Flügel Wellingtons sind (Division Cook) unterstützt. Die Division Foy (die mittelste des zweiten Korps) wird zur Unterstützung des Angriffs verwendet, aber die Franzosen werden niemals Meister dieses Punktes, es bleibt bei einem stehenden Feuergefechte. Es scheint fast, als wenn dies nur ein Scheinangriff sein sollte und Reille seine Kräfte geschont habe. Die rechte Flügeldivision ist in jedem Falle Reserve geblieben und später in der Mitte verwendet worden.

Dieser Angriff hatte also gar kein Resultat, als daß er den rechten Flügel der beiden Treffen und die braunschweigschen Truppen, welche hier zur Unterstützung gebraucht wurden, absorbirte.

2. Erst 2 Stunden später und nachdem Bonaparte bereits den Anmarsch Bülows kennt, auch das sechste Korps und

die beiden Kavalleriedivisionen Subervic und Domon bereits gegen die Preußen hat abrücken lassen, etwa um 2 Uhr, fängt der Angriff des Erlonschen Korps an. Der Hauptstoß nämlich durch 3 Divisionen geschieht auf la Haye sainte und denjenigen Theil des verbündeten Centrums, der den Franzosen rechts von der Chaussee liegt und den Hohlweg vor sich hat; die vierte Division geht zum Angriff von la Haye, Papelotte und Smouhen vor. Dieser letzte Angriff hat einen ganz anderen Charakter als der auf das Centrum, wir trennen ihn daher von jenem und wollen ihn zuerst betrachten.

Jene Ortschaften waren nur durch die Tirailleurs der zweiten Brigade Perponcher besetzt, die den äußersten linken Flügel der Armee bildeten. Sie verloren diesen Punkt früher oder später, wann, ist nicht recht ausgemacht, aber gewiß ist, daß die Franzosen hier nie gegen die eigentliche Stellung vordrangen, sondern es bei einem stehenden Feuergefechte bewenden ließen. Sie blieben im Besitz dieser Orte, die sie aber, wie es scheint, nur leicht besetzt hatten, bis Bülow an Frichermont vorbei vordrang und von seinem rechten Flügel dagegen detaschirte, wodurch sie vertrieben wurden; aber da die rechte Flügeldivision Erlons den größten Theil ihrer Kräfte noch intakt hatte, so setzte sie sich später wieder in Besitz dieses Punktes, bis ein Paar Stunden darauf d. h. zwischen 6 und 7 Uhr der General Zieten auf dem linken Flügel der Engländer ankam und darauf anrückte.

Es verhält sich also mit diesem vorgeschobenen Punkte des englischen linken Flügels nicht viel anders wie mit dem rechten. Was dagegen geschah, ist mehr eine Demonstration oder allenfalls eine Flankendeckung des Centrums als einem ernstlichen Angriffe ähnlich.

3. Von dem Centrum selbst haben wir schon gesagt, daß es seinen Angriff mit den 3 übrigen Divisionen Erlons machte. Da das sechste Korps und die Kavalleriedivisionen Subervic und Domon schon gegen Bülow verwendet waren, so bestand das französische Centrum an Infanterie nur aus diesen 3 Di=

visionen und es blieb also nichts zur Reserve als die Kavallerie=
korps und die Garden.

Der erste Angriff Erlons ist nach allen Nachrichten sehr
stürmisch und übereilt gewesen, so daß die zweite Kolonne,
welche auf die erste Brigade der Division Perponcher stieß,
wirklich eindrang, aber natürlich vor dem Feuer der Reserven
und den Anfällen der englischen Kavallerie zurückweichen mußte.
Sie erlitt dabei, wie es scheint, von 2 englischen Kavalleriebri=
gaden unter Lord Ponsonby und Vandeleur gefolgt, eine ziem=
liche Niederlage, die sich auch auf die dritte Kolonne mit er=
streckte. Die französische Kavallerie unter Milhaud wies dann
ihrerseits die englische zurück und, wie sich denken läßt, mit ei=
nigem Verluste.

Dieser erste Anfall scheint also eine Art von échauffourie
gewesen zu sein, welche im Ganzen die Angelegenheiten der
Franzosen mehr zurück als vorwärts brachte. Da das Gefecht
auf keine Weise vorbereitet b. h. da die gegenseitigen Streit=
kräfte noch nicht erschöpft waren, so konnte dieser Erfolg nichts
entscheiden. Die linke Flügelkolonne Erlons aber, welche auf
la Haye sainte ging, scheint das Gefecht dort gleich zum Stehen
gebracht zu haben. Das Vorwerk wurde von der englischen
Armee unterstützt und man schlug sich mit abwechselndem Glück
und abwechselndem Besitz.

Erlon sammelte seine Kräfte wieder und das Gefecht dauerte
nun ohne allgemeinen Erfolg und ohne auffallende Ereignisse
bis zwischen 5 und 6 Uhr fort. Man muß es sich denken als
ein heftiges Artillerie= und Tirailleurgefecht, untermischt mit ein=
zelnen Angriffen in Bataillonskolonnen oder mit entwickelten
Bataillonen. Hin und wieder trat dabei die Kavallerie in Mit=
wirkung, indem sie auf einzelne Bataillone, die sich der la Haye
sainte wieder bemächtigen wollten, einhieb; so gingen 3 Ba=
taillone der Verbündeten verloren und die französische Kavallerie
kam bis in die Stellung der Engländer, worauf sie aber stets
mit Verlust wieder weichen mußte.

Nachdem sich die Kräfte auf diese Weise in einem drei

bis vier Stunden langen Kampfe an einander ziemlich verzehrt hatten, waren die Preußen auf dem Kampfplatze erschienen und hatten sich aus dem Holze entwickelt. Nun suchte Ney seinen Erfolg gegen Wellington durch die Kavallerie zu erzwingen. Da rechts von der Chaussee von Namur ein Hohlweg die Anwendung derselben verhinderte, so suchte er links der Chaussee mit den Kürassieren von Milhaud und der Gardekavalleriedivision von Lefebre=Desnouettes einzubringen. Sie kamen auch wirklich mehr als einmal bis auf den Rücken, welcher die Stellung des ersten englischen Treffens bildete, mußten aber jedesmal wieder zurück, um sich im Grunde wieder zu sammeln. Da diese Korps den Zweck noch nicht erreichten, so wurde auch das Kürassierkorps von Kellermann und die andere Gardekavalleriedivision von Guyot auf eben die Art d. h. zur Unterstützung der anderen verwendet. Um diese Zeit wird auch wohl die Division Bachelu vom zweiten Korps mit ins Gefecht gezogen worden sein. Je weiter sich das Gefecht durch das Vorschreiten Bülows in den Rücken der Franzosen fortzog, um so mehr setzte Ney auch das Letzte daran, um in der Fronte durchzubringen. Nun war bis auf die Infanterie der Garden die ganze Masse der französischen Armee ins Gefecht gebracht und dieser Kampf dauerte nun noch ein Paar Stunden ohne eigentlichen Erfolg fort, nämlich bis gegen 7 Uhr. In diesem Kampfe wurden die gegenseitigen Kräfte immer mehr erschöpft, und die Meinung ist ziemlich allgemein gewesen, daß Wellington sich kaum noch der ferneren Anstrengungen der Franzosen habe erwehren können, daß er auf dem Punkte gestanden habe, das Schlachtfeld zu verlieren.

Aber diese Meinung bedarf doch einer näheren Bestimmung. Wellington fühlte sich um 5 oder 6 Uhr wahrscheinlich so geschwächt, daß, wenn er an die noch in Reserve stehenden Garden dachte und den entscheidenden Stoß von diesen gegen sich gerichtet sah, ohne daß ihn die Preußen abwendeten, er sich zu schwach und das Ganze in Gefahr sehen mochte. Aber wenn man von den Garden abstrahirt und blos auf das sieht, was etwa um 6 Uhr mit einander im Kampfe begriffen war, so scheint es doch, daß der Erfolg sich noch mehr für den Lord Wellington neigte als für die Franzosen. Wenn man auch zugiebt, daß die verbündete Armee, weil sie nicht aus so guten Truppen bestand, merklich mehr geschwächt worden sei, als die französische, so muß man doch nicht vergessen, daß Wellington 68,000 Mann stark war, der Theil der französischen Armee aber, der gegen ihn focht, etwa nur 45,000. Auch scheint es, da die Franzosen schon die ganze Kavallerie anwendeten, daß ihre Infanteriereserven ganz erschöpft gewesen sind, und wenn man an die grenzenlose Verwirrung denkt, in der sich ein Paar Stunden später alles befand, so kann man es kaum bezweifeln. Dagegen scheint Lord Wellington doch immer noch viele Truppen gehabt zu haben, die theils gar nicht, theils wenig gefochten hatten, wie die Division Chassée, die zehnte brittische Brigade (im Plan M), die Kavalleriedivision Collaert u. s. w.

Man kann also diesen ganzen heftigen Kampf im Centrum als das eigentliche Müde=Ringen der Kämpfenden betrachten, welches bis zu einem solchen Grade der Erschöpfung getrieben wurde, daß der entscheidende Stoß um so entscheidender wurde und der Niederstürzende nicht im Stande war sich noch einmal aufzuraffen. Dieser entscheidende Stoß erfolgte durch den Angriff der Preußen.

Aber ehe wir zu diesem übergehen, bleibt uns noch im Centrum ein letzter Akt der Verzweiflung zu erwähnen. Bülow war siegreich, Plancenoit verloren, die Masse der Preußen auf dieser Seite wuchs immer noch, die Hälfte der Garden war bereits gegen sie verwendet, und doch war keine Aussicht, sie zu schlagen — da wollte der verzweiflungsvolle Bonaparte auch das Letzte noch daran setzen, um das Centrum Wellingtons zu sprengen. Er führte die übrigen Garden auf der Chaussee nach la Haye sainte und der feindlichen Stellung vor; 4 Bataillone dieser Garden machten einen blutigen Angriff, aber vergebens. Zietens Vorrücken hatte den rechten Flügel der Franzosen ganz zusammengeworfen, die vorgeführten 4 Bataillone Garben mußten weichen und die 8 anderen waren nicht im Stande, dem Strome der Flucht und Verwirrung einen Damm zu setzen. So geschah es, daß die ganze Armee bis auf den letzten Kern aufgelöst, als Armee also vernichtet wurde und daß Bonaparte gewissermaßen allein das Schlachtfeld verließ.

42. Angriff der Preußen.

Als Blücher seine Korps auf ihrem Rückzuge in der Nacht vom 16. zum 17. und im Laufe des 17. gar nicht beunruhigt und gefolgt sah, mußte er natürlich glauben, Bonaparte habe sich mit seiner ganzen Macht gegen Wellington gewendet. Er beschloß also nur einige Bataillone in Wavre zurückzulassen und mit allem Uebrigen Wellington zu Hülfe zu eilen, der eine Schlacht diesseits des Holzes von Soigne annehmen wollte. Diese Verabredungen zwischen beiden Feldherren fanden am 17. statt und am 18. Morgens konnte sich Blücher in Marsch setzen. Das vierte Korps sollte den Marsch eröffnen und brach des Morgens 7 Uhr aus seinem Bivouac auf, ging durch Wavre nach St. Lambert, wo es Mittags eintraf und sich sammelte. Es wurde in dieser Aufstellung, wie es scheint, schon von den Franzosen bemerkt.

Das zweite Korps sollte dem vierten folgen, und beide waren bestimmt, in die rechte Flanke der Franzosen, also gegen Plancenoit vorzubringen, wodurch ihr Rückzug im höchsten Grade gefährdet wurde. Das erste Korps sollte über Ohain gegen den linken Flügel des Herzogs von Wellington marschiren, weil der Herzog, für die Umgehung dieses Flügels besorgt, dies ausdrücklich gewünscht hatte.

Das dritte Korps sollte die Arrieregarde bilden, Wavre mit einigen Bataillonen besetzen und, wenn kein bedeutender Feind erschiene, seine Richtung auf Couture nehmen, also gleichfalls gegen Plancenoit; würde sich aber bei Wavre ein starker Feind zeigen, so sollte das dritte Korps eine Stellung daselbst nehmen und diesen Feind aufhalten.

Es erscheinen also auf diese Weise etwa 20,000 Mann zur unmittelbaren Unterstützung des englischen linken Flügels und 70,000 in der rechten Flanke und im Rücken des Feindes. Einfacher, natürlicher und praktischer konnte die Sache nicht eingerichtet werden. Allenfalls könnte man tadeln, daß nicht das erste Korps, welches sein Bivouac bei Bierges hatte, mit nach St. Lambert, und dagegen das zweite, welches erst über die Dyle gehen mußte, nach Ohain gesandt wurde; denn es entstand ein Kreuzen beider Kolonnen, welches Aufenthalt verursachte.

Ueberhaupt war der Marsch, durch mancherlei Zufälligkeiten veranlaßt, doch so langsam, daß das vierte Korps erst um 3 Uhr die Gegend von Frichermont erreichte, obgleich der Weg, welchen es bis dahin zurückgelegt hatte, etwa nur 2½ Meilen betrug. Mehrere Defilés, ein in Wavre entstandenes Feuer, ein mehrmaliges Sammeln, sehr schlechte Wege erklären diesen Zeitaufwand hinreichend.

Das zweite Korps kam, weil es dem vierten folgte, natürlich einige Stunden später auf das Schlachtfeld; das erste aber traf wegen anderer Zufälligkeiten noch später, nämlich erst um 6 Uhr auf dem linken Flügel des Herzogs ein.

Man könnte sagen, dieses Erscheinen Blüchers sei, zwar nicht für den Fall, wie er sich gemacht hat, aber doch im Allgemeinen für die Aufgabe zu spät. Hätte Bonaparte am Morgen angegriffen, so war die Schlacht um diese Stunde wahrscheinlich schon entschieden und dann wäre ein Angriff von Seiten Blüchers, wenn auch nicht unmöglich oder unnütz, aber doch weniger gesichert gewesen. Aber man muß nicht vergessen, daß dann bei Blücher alles mehr beeilt worden wäre. Die meisten Versäumnisse, welche vorgekommen sein mögen, wurden Vormittags gemacht, ehe bei Wellington ein Kanonenschuß gefallen war. Wäre Wellington Morgens um 8 oder 9 Uhr schon im vollen Feuer gewesen, so würden Blüchers erste Truppen vielleicht um 12 oder 1 Uhr eingetroffen sein.

Das dritte Korps war gleichfalls schon im Abmarsch be-

griffen, als die noch jenseits der Dyle befindliche Arrieregarde
desselben von einem bedeutenden Feinde gedrängt wurde und
sich beträchtliche Kavalleriemassen zeigten. Es bezog also dieses
Korps einstweilen die Stellung hinter der Dyle, um das Wei=
tere abzuwarten.

Schon um Mittag behaupten die Franzosen Bülows Marsch
und erste Aufstellung bei St. Lambert wahrgenommen zu haben,
und Bonaparte läßt schon um diese Zeit und also vor dem
Angriff Erlons das sechste Korps und die beiden Kavallerie=
divisionen Subervic und Domon, welche hinter dem Centrum
in Reserve standen, nach der Richtung auf St. Lambert ab=
rücken und etwa in der Höhe seines rechten Flügels eine Haken=
stellung nehmen. Ob diese Stellung irgend eine taktische Stärke
hatte, ist nirgends gesagt und aus der bloßen Ansicht eines
Plans kann man darüber nicht entscheiden. Wollte man sich
auf diesen verlassen, so würde sie weiter vorwärts zwischen
Frichermont und Pajot vortheilhafter gewesen sein und an diesen
beiden Orten Anlehnungspunkte gefunden haben.

Bülow war um 3 Uhr mit seinen beiden ersten Brigaden,
der fünfzehnten und sechszehnten, im Holz bei Frichermont an=
gekommen und hatte dort eine verdeckte Aufstellung genommen,
die aber den Franzosen sein Dasein nicht verbergen konnte und
nicht verborgen hat. Er wartete auf die Ankunft seiner übrigen
Brigaden. Da indessen der Feldmarschall Blücher sah, daß die
Franzosen dem englischen Centrum sehr stark zusetzten, und Be=
sorgnisse hatte, daß sie dort durchbringen könnten, so befahl er
dem General Bülow, mit den beiden Brigaden und der Re=
servekavallerie den Angriff auf das sechste feindliche Korps zu
machen. Dies geschah um halb 5 Uhr; die beiden andern Bri=
gaden folgten bald als Reserven der fünfzehnten und sechszehnten,
und so war denn bei Bülows Ueberlegenheit und den wenigen
Terrainvortheilen des Feindes der erste Widerstand nicht groß,
sondern die 12,000 Mann unter Lobau mußten sich fechtend in
der Richtung auf Belle=Alliance zurückziehen. General Bülow
erhielt den Befehl, sich mit seinem Angriff immer weiter links

zu ziehen, um so das Dorf Planchenoit zu erreichen und zum Gegenstande des Angriffs zu machen. Der rechte Flügel Bülows aber hatte sich schon bei dem Dorfe Smouhen mit dem Feinde eingelassen, so daß also das vierte Korps eine etwas ausgereckte Stellung bekam, wodurch dem Stoß auf Plancenoit diejenige Kraft benommen worden zu sein scheint, die er sonst hätte haben können.

Bonaparte seinerseits sandte, als er sah, daß der General Lobau sich bis gegen die Chaussee zurückziehen mußte, die Division der jungen Garde zu seiner Verstärkung ab. Das Gefecht kam nun hier zum Stehen, weil General Bülow nicht eher weiter vordringen konnte, als bis er im Besitz von Planchenoit war. Es trat nun ein langer Kampf mit oft wechselndem Erfolge um dieses Dorf ein. Da die beiden anderen Divisionen der französischen Garde dicht dahinter standen und es wirklich nach und nach mit vier Bataillonen unterstützten, so begreift man den lange zweifelhaften Erfolg auf diesem Punkt, der auch nicht eher ganz für unsere Truppen entschieden wurde, bis das zweite Armeekorps herankam und einen Theil seiner Kräfte gleichfalls auf dies Dorf richtete, wodurch es dann bleibend in unsere Hände kam, was zwischen 7 und 8 Uhr geschehen sein mag.

Während dieses Kampfes um Planchenoit hatten die Anstrengungen der französischen Kavalleriemassen gegen das englische Centrum statt, und von der anderen Seite die Ankunft und das Vordringen des Generals Zieten gegen den französischen rechten Flügel, und endlich gegen 8 Uhr das verzweiflungsvolle Wagen der letzten zwölf Gardebataillone zur Entscheidung des Kampfes gegen Wellington. Es wäre interessant zu wissen, ob die Preußen schon bleibend im Besitze von Plancenoit waren, als Bonaparte mit dieser letzten Reserve abmarschirte, um sie in den offenen Schlund des Verderbens zu werfen; die Handlung würde dann noch mehr das Ansehen eines gegen allen Kalkül gleichgültig gewordenen, verzweiflungsvollen Spielers haben.

44. Gefecht bei Wavre am 18. und 19. Grouchys Marsch.

Wir haben schon gesehen, daß Grouchy mit seinen beiden Korps erst spät Abends nach Gemblour kam, das Kavalleriekorps Pajol und die Division Teste sogar bei Mazy übernachteten. Ein strömender Gewitterregen hatte die Wege des fetten Bodens sehr aufgeweicht und den Marsch sehr erschwert; er erschwerte auch den frühen Aufbruch. Zwar sagt der Marschall Grouchy in seiner Rechtfertigung, er habe sich mit Sonnenaufgang in Marsch gesetzt; allein der Maréchal de camp Berton, der sich bei dem Korps befand, behauptet ganz bestimmt, das Korps von Excelmans sei nicht vor 8 Uhr abmarschirt und die Armeekorps hätten sich erst zwischen 9 und 10 Uhr in Marsch gesetzt. Die Wahrheit wird wohl in der Mitte liegen. Das dritte Korps, welches die Spitze hatte, traf um 2 Uhr in der Gegend vor der preußischen Arrieregarde bei Wavre ein; es hatte aber von Gemblour bis dahin 3 Meilen zu marschiren, mußte also wohl um 6 oder 7 Uhr aufgebrochen sein. Das vierte Korps scheint mit der ersten Division, Hulot, einige Stunden später, mit den beiden andern aber erst gegen Abend angekommen zu sein. Es zog alles in einer Straße und so erklärt sich das späte Ankommen ziemlich von selbst, besonders wenn man nicht vergißt, was diese beiden Korps seit 4 Tagen alles gethan hatten.

Der General Pajol war mit seiner Kolonne von Mazy auf St. Denis, Grand-Leez nach Tourinnes gesandt worden, also der Hauptkolonne rechts zur Seite, um dort weitere Befehle zu erwarten; er mußte erst von da nach Wavre zurückgeholt werden und traf erst Abends 8 Uhr bei Limal ein, wohin er bestimmt worden war, weil Grouchy sah, daß er bei Wavre nicht durchdringen würde.

Es ist keinem Zweifel unterworfen, daß Grouchy am Morgen noch keine deutliche Vorstellung hatte von der Richtung, welche Blücher seiner Armee gegeben. Grouchy sagt es selbst, und als er von Gemblour aufbrach, war sein Marsch vor der Hand nur auf Sart-lez-Walhain und noch nicht bestimmt auf

Wavre gerichtet. Daher diese Seitenrichtung Pajols und das Herumtappen, durch welches der Marsch aufgehalten wurde. Erst die Arrieregarde des zweiten und dritten Korps, welche Grouchy vor Wavre antraf, zog ihn nach diesem Orte hin.

Diese Unbekanntschaft mit der wahren Rückzugslinie der preußischen Armee grenzt ans Unbegreifliche, weil sie zu der Voraussetzung der höchsten Unbehülflichkeit und Nachlässigkeit der französischen Generale nöthigt, zu der man sich doch nicht leicht entschließen wird.

Dagegen können wir die Langsamkeit der Grouchyschen Bewegung gegen Wavre nicht so auffallend finden, wie sie von allen Seiten angesehen wird. Man hat in den neueren Kriegen sich im Allgemeinen an eine große Schnelligkeit der Bewegungen gewöhnt und Märsche von 5, 6, 7 Meilen in einem Tage zurücklegen sehen; man glaubt sich also berechtigt, da wo eine solche Geschwindigkeit außerordentlich viel werth sein würde, sie auch unbedingt zu fordern. Aber solche Geschwindigkeiten werden mehr von den günstigen Bedingungen des Marsches als durch die Dringlichkeit des Zweckes hervorgebracht; man fühlt das nur recht, wenn man selbst oft mit solchen Dingen zu thun und mit den Schwierigkeiten, die dabei vorkommen, zu kämpfen gehabt hat. Wetter und Wege, Mangel an Verpflegung und Unterkommen, Ermüdung der Truppen, Mangel an Nachrichten u. s. w. können bei dem besten Willen einen Marsch auf die Hälfte, ja auf das Drittheil des Weges von dem zurückbringen, was man im Zimmer für möglich gehalten haben würde; wir wollen z. B. nur daran erinnern, daß die Franzosen nach den Schlachten von Jena und Auerstädt, als sie vollkommen siegreich waren und das höchste Interesse hatten, ihre Bewegungen zu beschleunigen, in der Zeit ihrer besten kriegerischen Verfassung auf ihrem Verfolgungszuge durchschnittlich nicht über $2\frac{1}{7}$ Meile täglich zurückgelegt haben.

Geht man einmal davon aus, daß Grouchys Korps nicht vor 2 und 3 Uhr das Schlachtfeld von Ligny verlassen haben, so ist es gar nicht zu verwundern, daß diese Korps nicht vor

2 und 3 Uhr, also nach 24 Stunden, in der Gegend von Wavre eintrafen, da Wavre vom Schlachtfelde von Ligny auf dem Wege über den Höhenzug, den Grouchy nahm, 5 Meilen entfernt ist, und bei diesem Marsche, wie wir das schon gesehen haben, alle nachtheiligen Bedingungen eintraten. Die Kavallerie hätte freilich viel früher folgen können; allein wenn das auch nicht unnütz gewesen wäre, so würde es doch nicht die Folge gehabt haben, die man dem Grouchyschen Korps in Beziehung auf die Schlacht von Belle-Alliance geben wollte. Nur das bleibt dem General Grouchy ein Vorwurf, daß er alles in einer Straße ziehen ließ, woraus denn ganz natürlich entstand, daß die letzten Divisionen des vierten Korps erst gegen Abend eintrafen.

45. General Thielemanns Aufstellung.

Das dritte Armeekorps war am 17. Abends nach Wavre gekommen. Die von ihm detaschirt gewesene erste Brigade der Reservekavallerie stieß hier wieder zu demselben. Drei Brigaden, die zehnte, elfte und zwölfte, so wie die Reservekavallerie waren durch Wavre gegangen und lagerten bei la Bavette; die neunte war jenseits geblieben, weil sie zu spät eintraf, sie bildete nun mit der achten Brigade des zweiten Korps die Avantgarde gegen Grouchy. Den 18. Morgens, als sich das vierte Korps gegen St. Lambert in Marsch setzte, erhielt General Thielemann den Befehl, die Arrieregarde der drei andern Korps zu bilden und denselben, wenn sich nichts Bedeutendes vom Feinde zeige, zu folgen, indem er seine Richtung auf Couture nähme, in Wavre aber einige Bataillone zurückzulassen, damit nicht jede französische Streifpartie die Straße nach Brüssel beunruhigen könne, während die Armeen sich bei Waterloo schlügen. Sollte sich aber ein bedeutendes feindliches Korps vor Wavre zeigen, so sollte General Thielemann die dortige starke Stellung an der Dyle beziehen und der Armee den Rücken decken.

Bis gegen 2 Uhr dauerte der Abmarsch des zweiten und ersten Korps aus der Stellung von Wavre selbst. Da man um 2 Uhr noch gar nichts vom Feinde wahrgenommen hatte, so fand man sich immer mehr in der Idee bestärkt, daß Bonaparte sich mit seiner ganzen Macht gegen Wellington gewendet habe. General Thielemann setzte also sein Korps gleichfalls in Kolonne und wollte eben mit der Spitze desselben die Brüsseler Chaussee verlassen, als bei der neunten Brigade und bei der immer noch auf dem linken Dyle-Ufer befindlichen achten ein lebhaftes Gefecht anfing. General Thielemann ließ also halten, bis sich die Sache näher aufgeklärt hatte. Unterdeß zog die achte Brigade des zweiten Armeekorps ganz ab; das erste, welches eine Zeitlang gehalten hatte, trat seinen Marsch auch wieder an und ließ bei dem Dorfe Limal ein Detaschement von drei Bataillonen und drei Schwadronen unter dem Obersten Stengel zurück.

General Thielemann bezog nun die Stellung bei Wavre so, daß die zwölfte Brigade hinter dem Uebergange von Bierges, die zehnte rechts hinter Wavre, die elfte links hinter Wavre an der Chaussee aufgestellt, Wavre durch drei Bataillone der neunten Brigade besetzt und die übrigen Truppen derselben, so wie die Reservekavallerie, zur Reserve bestimmt wurden, die in der Gegend von Bavette stehen sollte.

Die drei in der Stellung verwendeten Brigaden blieben mit dem größten Theile ihrer Truppen in der Brigade-Aufstellung in Kolonnen so gedeckt als möglich stehen und verwendeten nur einzelne Bataillone oder Tirailleurzüge zur Vertheidigung der Brücken und des Flusses selbst, während die Artillerie mit Ausnahme einer Batterie, die in Reserve blieb, also überhaupt 27 Geschütze, auf dem Thalrande vertheilt und also gleich gegen den vom jenseitigen Thalrande hinunter steigenden Feind in Wirksamkeit gesetzt wurde. Die Stellung des dritten Korps betrug in ihrer Ausdehnung von Bierges bis Nieder-Wavre etwas über 2000 Schritt, war also nicht übertrieben groß für ein Korps von 20,000 Mann. Der Brückenübergänge waren vier, einer bei Nieder-Wavre, zwei bei Wavre, einer bei der Mühle von Bierges, indessen war die Dyle zur Noth zu durchwaten. Dagegen war der linke Thalrand dieses Flusses ziemlich d. h. 50 bis 60 Fuß hoch und gerade so steil, daß er als ein gutes Hinderniß des Zugangs betrachtet werden konnte und doch die vollkommene Wirkung des Feuers zuließ; da die Gegend auf dem rechten und linken Flügel in der Nähe frei war und weiter rückwärts noch einige Anlehnungspunkte darbot, so konnte die Stellung immer als eine der stärksten angesehen werden, die man von einer Stunde zur andern ohne viele Vorbereitungen zu nehmen im Stande ist.

Die Einrichtungen des Generals Thielemann waren darauf gerichtet, so wenig Truppen als möglich aus der Hand zu geben, das Feuergefecht mit der möglichst geringen Anzahl Infanterie zu unterhalten, die Hauptwirkung durch den Gebrauch der Artillerie zu thun und sich also im Stande zu sehen, wenn der Feind irgendwo mit einem Sturme gegen den Thalrand durchbrechen wollte, demselben eine noch frische Truppenmasse entgegen führen zu können; die eigentliche Reserve sollte gebraucht werden, den Feind, welcher vielleicht einen seiner Flügel umginge, selbst wieder von der Seite anzufallen.

Von diesen Anordnungen machte der Zufall eine scheitern.

Die neunte Brigade, welche, als der Feind bedeutende Kräfte entwickelte, über Nieder=Wavre abzog, ging, nachdem sie Wavre mit zwei Bataillonen besetzt und ein drittes dahinter gestellt hatte, mit den übrigen sechs Bataillonen, zwei Schwadronen und acht Geschützen durch ganz unerklärliche Mißverständnisse, anstatt bei la Bavette als Reserve stehen zu bleiben, den andern Armeekorps nach, um sich über Neuf=Cabaret nach Couture zu begeben, wohin früher die Bestimmung des ganzen Korps gewesen war. Es bemerkte kein Mensch dies Mißverständniß, weil in dem Augenblick, wo der General Bork aus Nieder=Wavre durch die Stellung zog, die Entwickelung der feindlichen Streitkräfte vor der Fronte gerade die Aufmerksamkeit beschäftigte. Erst Abends 7 Uhr etwa, als man sah, daß der Fall eintreten könne, die Reserve zu gebrauchen, und ihr irgend ein vorläufiger Befehl zugesandt wurde, entdeckte sich's, daß General Bork, anstatt bei der Reservekavallerie stehen zu

8*

bleiben, weiter marschirt war. Es wurden Offiziere abgeschickt, um zu sehen, ob er in der Nähe irgendwo eine andere Stellung genommen habe; da Diese zurückkehrten, ohne etwas von ihm gefunden zu haben, so ließ der General Thielemann die Sache auf sich beruhen, weil er sich sagte, dort, wo man das heftige Kanonenfeuer einer gewaltigen Schlacht hörte, werde die Sache entschieden werden; alles, was sich nun noch auf dem Punkte von Wavre zutragen könne, werde niemals Einfluß auf jene Entscheidung mehr haben, es sei also vielleicht besser, daß eine Division mehr sich dort befinde.

So geschah es, daß der General Thielemann am 18. und 19. nur 24 Bataillone Infanterie, 21 Schwadronen und 35 Geschütze, in Summe etwa 15,000 Mann dem Marschall Grouchy entgegen zu stellen hatte, dessen Stärke man nicht übersehen konnte, weil der Wald es verhinderte, von dem aber um 3 Uhr etwa 10= bis 12,000 Mann sichtbar waren.

46. Grouchys Angriff am 18. und 19.

Das Gefecht von Wavre zerfällt von selbst in zwei verschiedene Akte, nämlich in das Gefecht längs der Dyle am 18. von 3 Uhr Nachmittags bis zum Einbruch der Nacht, und in das Gefecht auf dem linken Ufer der Dyle zwischen diesem Flusse und dem Holze von Rixensart am 19. von Anbruch des Tages bis gegen 9 Uhr Morgens.

Am 18. hatte Grouchy mit dem dritten Korps Wavre nehmen und den Uebergang dort erzwingen wollen. Das dritte Korps, welches vorn war, griff zwischen 2 und 3 Uhr mit der Hauptmacht Wavre an, etwas später mit einer Abtheilung die Mühle von Bierges. Zwei Bataillone aber, die in der Folge von noch zwei anderen unterstützt wurden, hielten unter dem Befehl des Obersten Zepelin die Stadt und beide Uebergänge fest. Eben so wenig Erfolg hatte der Angriff auf die Mühle von Bierges, wo die zwölfte Brigade den Flußübergang nur mit Schützenzügen und vermittelst der auf dem linken Thalrande stehenden Artillerie vertheidigte. Als das vierte französische Korps (Gérarb) ankam, wurde ein Theil der ersten Division (Hulot) gleichfalls nach Bierges geschickt; allein obgleich die Generale, nachdem sie bei Wavre nicht hatten durchdringen können, alles von dem Angriffe auf die Bierger=Mühle erwarteten und daher selbst gegenwärtig waren, so konnten sie doch nicht Herren dieses Ueberganges werden und die Division Hulot zog später d. h. zwischen 8 und 9 Uhr nach Limal, wohin die beiden andern Divisionen, welche merklich später eintrafen, von la Baraque aus dirigirt worden waren und wohin auch Pajol mit seinem Kavalleriekorps und der Division Teste vom sechsten Korps seine Richtung nahm.

Alle diese Truppen trafen erst mit dem Dunkelwerden bei Limal ein, fanden den Ort und Uebergang nicht vertheidigt, vermuthlich weil der Oberst Stengel schon im Begriff war abzuziehen und dem ersten Korps zu folgen, gingen also in der Dunkelheit über die Dyle und schoben sich in dichten Massen bis vor Delburg auf dem Thalrande der Dyle vor, indem sie Fronte gegen des Generals Thielemann rechte Flanke machten.

Etwa um 10 Uhr Abends ließ die zwölfte Brigade melden, daß der Feind bei Limal übergegangen sei. General Thielemann glaubte, es sei eine abgesonderte Kolonne, vielleicht aus einer Division bestehend, und befahl dem Obersten Stülpnagel mit allen disponibeln Truppen hinzugehen und den Feind auf der Stelle wieder über den Fluß zurückzuwerfen; zugleich wurde eine Brigade der Reservekavallerie dahin gesandt. General Thielemann eilte selbst nach dem bedrohten Punkte. Der Angriff fand in der Dunkelheit statt, konnte aber nicht gelingen, theils weil man auf einen Hohlweg stieß, der die angreifenden Bataillone in Unordnung brachte, theils weil der Feind schon zu stark war.

Oberst v. Stülpnagel mußte also dicht vor dem Feinde eine Aufstellung nehmen, damit dieser, in Respekt gehalten, sich nicht ausbreiten konnte. Mit dem ersten Schimmer des Tages fielen hier die ersten Kanonenschüsse auf Nähe von 500 Schritt. Es entspann sich nun ein heftiges Gefecht, in welchem die Fran=

zosen ihre vier Divisionen unter dem Schutze einer zahlreichen Tirailleurlinie methodisch vorschoben und in welchem das dritte Korps in drei verschiedenen Stationen Widerstand leistete. Zuerst im Grunde bei dem kleinen Holze die zwölfte Brigade und der Oberst Stengel, der noch in der Nähe war. Dann zwischen Bierges und dem Holze von Nixensart vierzehn Bataillone von der zwölften, zehnten und elften Brigade und die Reservekavallerie, während sechs Bataillone hinter Bierges und Wavre, vier aber in Wavre blieben.

Der Widerstand in dieser zweiten Station dauerte am längsten, und in dieser erfuhr der General Thielemann den Gewinn der Schlacht, so wie die Bestimmung, welche das zweite preußische Korps erhalten hatte, über Glabais und la Hutte dem Feinde, mit welchem er im Gefecht begriffen war, in den Rücken zu gehen.

Da diese Punkte so weit vom Schlachtfelde entfernt waren, daß an keine Mitwirkung gedacht werden konnte, so blieb dem General Thielemann nur die Hoffnung, daß der Gegner gleichfalls die Nachricht von dem Erfolge der großen Schlacht erhalten habe und aus Furcht, abgeschnitten zu werden, seinen Rückzug eiligst antreten werde. General Thielemann ließ daher seine Truppen ein lautes Hurrah rufen und Freudenbezeigungen machen. Aber die Hoffnung war vergeblich. Der Feind drängte immer fort, General Thielemann mußte sich entschließen weiter zurückzugehen und endlich seinen allgemeinen Rückzug antreten, indem er auch dem Obersten Zepelin befahl, aus Wavre abzuziehen.

General Thielemann zog sich in der Richtung auf Löwen bis nach St. Achtenrode drei Stunden vom Schlachtfelde zurück und büßte nichts ein als ein Paar Tausend Todte und Verwundete. Die zum dritten Armeekorps gehörige neunte Brigade hatte ihren Marsch gegen St. Lambert fortgesetzt, die Nacht vom 18. zum 19. in dem dortigen Holze zugebracht, war den 19. früh auf das Kanonenfeuer bei Wavre in dieser Richtung zurück=

marschirt und vereinigte sich erst den 20. über Limal mit dem dritten Armeekorps bei Gembloux.

47. Gefecht von Namur.

Grouchy erhielt wirklich am 19. Morgens, wie es scheint, ungefähr in dem Augenblick, als Thielemann sich zum Rückzuge anschickte, die Nachricht von der verlornen Schlacht bei Belle-Alliance. Dies erleichterte seinem Gegner den Abzug; denn dem Marschall Grouchy verging die Lust, sich hier nach kleinlichen Vortheilen umzusehen, während er für seinen Rückzug schon ernstlich besorgt sein mußte. Er sah ein, daß er ihn auf Charleroy nicht mehr nehmen konnte, und beschloß also nach Namur zu gehen. Er sandte das Kavalleriekorps Excelmans Mittags dahin voraus, welches um 4 Uhr eingetroffen sein soll, was jedoch zu bezweifeln ist, da von dem Schlachtfelde von Wavre bis Namur 6 Meilen sind. Die Infanterie folgte mit Einbruch der Nacht in 2 Kolonnen, die eine über Gembloux, die andere auf dem geraden Wege; die Arrieregarde bildeten die Kavalleriedivisionen Morin und Soult.

Die französische Infanterie erreichte den 20. Morgens um 8 oder 9 Uhr Namur.

General Thielemann erreichte die Gegend von St. Achtenrode den 19. etwa um Mittag. Er hatte beschlossen, seine sehr erschöpften Truppen in keinem Falle noch am 19. zum Verfolgen in Marsch zu setzen, da sie der Ruhe im höchsten Grade bedurften und es vorauszusehen war, daß die feindliche Arrieregarde nicht vor der Nacht abziehen werde, man also doch nichts beschließen könne. Er zog also vor, seinem Korps mit Tagesanbruch das Rendezvous bei Ottenbourg, wo seine Avantgarde stand, zu geben, um mit derselben bei guter Zeit hinter dem Feinde her zu sein. Die Versammlung verzögerte sich etwa um eine Stunde und gegen 5 Uhr setzte sich die Kavallerie über Gembloux auf dem Wege nach Namur in Marsch; die Infanterie folgte.

Die Kavallerie stieß zuerst bei Gembloux auf feindliche Kavallerie, die sich aber schnell abzog; es wurde so schnell als möglich und zwar auf dem geraden Wege nach Namur gefolgt, doch fand man erst ¾ Stunden vor dieser Stadt den Feind wieder.

Während die Kavallerie des Generals Thielemann so den Weg bis Namur in 5 oder 6 Stunden zurücklegte, blieb die Infanterie bei Gembloux stehen.

Vor Namur traf man einige feindliche Bataillone mit etwas Kavallerie und Artillerie. Sie wurden angegriffen, verloren 3 Geschütze und zogen sich näher an die Stadt.

An der Chaussee von Namur nach Brüssel standen einige feindliche Massen, die einen Abzug zu decken schienen. Während sie beobachtet wurden, entdeckte man auf der Chaussee selbst eine feindliche Division, die im Kolonnenmarsch fortzog. So bald sie die Kavallerie des Generals Thielemann ansichtig wurde, setzte sie sich in Quarrés, zog Tirailleurs und Artillerie links heraus und setzte unter dem Schutze dieser Einrichtungen ihren Marsch fort in die Stadt hinein. Es war die letzte Division des vierten Korps, welches etwas später als das dritte bei Namur eingetroffen war. Unmittelbar auf dieselbe folgte der General Pirch mit dem zweiten preußischen Korps. Dieser General hatte nach der Schlacht Befehl erhalten, in der Richtung auf Gembloux dem Marschall Grouchy in den Rücken zu gehen. Er war die ganze Nacht durch marschirt und traf über Maransart und Bousval den 19. Morgens bei Mellery ein. Hier bezog er ein Bivouac und sandte Patrouillen aus. Da er durch diese aber nichts vom Feinde, noch vom General Thielemann erfuhr, so blieb er auch die Nacht dort stehen und setzte sich erst, als er den 20. Morgens 5 Uhr die Meldung erhielt, daß der Feind im Abzuge durch Gembloux sei, weiter gegen diesen Ort in Marsch. So geschah es, daß er gerade an den Nachtrab der linken Flügelkolonne sich anhängte. Als diese sich in die Stadt hineingezogen hatte, versuchte es General Pirch sich des Brüsseler Thores zu bemächtigen. Da aber das Thor und die daran stoßenden Stücke des ehemaligen Walles stark mit Infanterie besetzt waren, so entstand ein sehr heftiges Infanteriegefecht, welches mehrere Stunden dauerte, dem zweiten Korps 1100 Mann Todte und Verwundete gekostet haben soll und doch vergeblich war. Man mußte das Unternehmen aufgeben und der Feind räumte erst Abends 6 Uhr die Stadt, indem er seinen Rückzug auf Dinant nahm, wohin ihm auf Befehl des Fürsten Blücher nur die Kavalleriebrigade des Obersten Sohr folgte. Hätte General Pirch seinen Marsch gegen Namur fortgesetzt und wäre er vor Grouchys Infanterie daselbst angekommen, was füglich geschehen konnte, so hatte Grouchy keinen Uebergang über die Maas. Er hätte sich gegen Charleroy wenden müssen. Dies würde also am 20. geschehen sein. An diesem Tage hatte das erste preußische Armeekorps, welches der geschlagenen Armee über Charleroy folgte, diesen Ort schon wieder verlassen und befand sich in der Gegend von Beaumont. Es würde wahrscheinlich auf die Nachricht von dem Anmarsche Grouchys seine Richtung gegen Avesnes verlassen und sich nach Philippeville gewendet haben. Allein es ist doch sehr unwahrscheinlich, daß es dem Korps Grouchys hätte den Rückzug abschneiden können, da dasselbe wahrscheinlich Philippeville vor ihm erreicht hätte und im schlimmsten Falle auf Givet gehen konnte. Indessen wären doch vielleicht stärkere Verluste für Grouchy entstanden, indem einzelne Theile abgeschnitten worden wären u. s. w. Ganz anders wäre es aber gewesen, wenn das erste Korps den Befehl erhalten hätte, den 19. und 20. an der Sambre zu bleiben, um diese gegen Grouchy zu sperren. Dann würden sich den 21. Morgens 50,000 Mann gegen diesen Marschall zusammengefunden haben, und es ist kaum einzusehen, wie er, durch diese überlegene Macht und zwei Flüsse eingeengt, einer Kapitulation hätte entgehen können. Bonaparte selbst sagt in seinem aus Philippeville an seinen Bruder Joseph gerichteten Schreiben: „Je n'ai point entendu parler de Grouchy; s'il n'est point pris, comme je le crains, je puis avoir dans trois jours 50,000 hommes." Aber freilich kannte man in Blüchers Hauptquartier am 19. früh, als diese Disposition hätte getroffen werden müssen, Grouchys Lage zu wenig, um aus seinem Abschneiden einen Hauptgegenstand der nächsten Operationen machen zu können.

Der Angriff auf Namur ist dagegen kaum zu billigen, denn in der Stadt würde man, wenn man wirklich eingedrungen wäre, nicht viel gewonnen haben und gleich hinter der Stadt fand man die Brücke über die Sambre, welche allen weiteren Verfolgungen ein Ende machen konnte. Dagegen hätte man wohl einen anderen Uebergang über die Sambre finden können; da nun die Chaussee von Namur nach Dinant auf dem linken Ufer der Maas, also zwischen beiden Flüssen und zwar in dem tief und steil eingeschnittenen Thale, also in einem beständigen Defilé fortgeht, so hätte man, wenn man die Höhen gewann, diesen Rückzug außerordentlich erschweren, dem Marschall Grouchy viel abnehmen, hauptsächlich aber ihn aufhalten und verhindern können, Laon vor den Verbündeten zu erreichen. Aber es geschieht im Kriege selten alles, was geschehen kann, und die Aufgabe, welche man hier dem General Pirch I. stellt, ist wenigstens in keinem Falle eine gewöhnliche, sondern hätte einen großen Grad von Energie erfordert.

48. Betrachtungen über die Schlacht. Bonaparte.

Wirft man einen prüfenden Blick auf diese große Lösung des Dramas am 17. und 18. Juni, so wird sich derselbe hauptsächlich auf folgende Gegenstände richten.

1. Zuerst müssen wir fragen: Hätte Bonaparte nicht den 18., anstatt um Mittag anzugreifen, es in den Morgenstunden thun können und sollen? Seine ganze Offensive gegen die verbündeten Feldherren mußte ja den Charakter der höchsten Rapidität haben, wenn sie gelingen sollte, denn er wollte sie einzeln, ja sogar unversammelt schlagen. Man konnte ihm also vielleicht schon vorwerfen, den 16. ein Paar Stunden Zeit zu viel verloren zu haben. Die nothwendige Ruhe der Truppen und mancherlei zum strategischen und praktischen Dienste gehörige

Maßregeln und Vorbereitungen erklären indessen ziemlich befriedigend, daß der Angriff am 16. nicht früher erfolgte, und es ist im Ganzen der Kritik nur selten verstattet, in solcher Entfernung von Ort und Zeit über ein Paar Stunden zu rechten. Aber am 18. scheint doch wirklich kein genügender Grund den Aufschub von einem halben Tage zu rechtfertigen. Bonaparte war am 17. Abends vor Wellingtons Stellung eingetroffen und bedauert es in seinen Memoiren, nicht ein Paar Stunden Tag mehr gehabt zu haben, um die Schlacht noch am 17. zu liefern. Es konnte ihn also nichts verhindern, den 18. mit Anbruch des Tages seine Kolonnen in Marsch zu setzen, was etwa um 6 oder 7 Uhr die Schlacht zugelassen haben würde. In einem so dringenden Falle mußte die Ruhe von 4 bis 5 Stunden den Truppen genügen. Nun hatte aber Bonaparte zwei Dinge zu fürchten: das erste war die vollkommene Vereinigung des Wellingtonschen Heeres, das zweite die Mitwirkung Blüchers. Für beides war die Schnelligkeit des Angriffs das einzige Mittel. Aber Bonaparte glaubte nicht,

1. daß Wellington, wenn er noch Truppen erwartete, hier eine Schlacht annehmen werde;
2. noch weniger, daß Blücher zu seiner Hülfe herbeieilen könne.

Er glaubte also, es komme auf ein Paar Stunden nicht an. Wir selbst glauben nicht, daß ein Angriff des Morgens früh einen unzweifelhaften Sieg gegeben hätte, denn wir wissen ja, daß Wellington wirklich im Laufe des Tages keine Verstärkungen mehr erhielt, und wissen, daß Blücher, wenn die Schlacht um 6 oder 7 Uhr eröffnet worden wäre, wahrscheinlich 3 bis 4 Stunden eher eingetroffen sein würde, also wohl immer noch zur rechten Zeit. Aber was wir jetzt wissen, war dem französischen Feldherrn damals verborgen und beide Voraussetzungen desselben, sowohl die in Beziehung auf Wellington, als die in Beziehung auf Blücher, waren nicht gehörig motivirt.

Sieht man die unnütze Aufstellung und Entwickelung seines Heeres, mit welcher Bonaparte ein Paar Stunden Zeit verliert, so möchte man fast auf den Gedanken kommen, er habe nicht die Schlacht, sondern den Rückzug der Engländer gewünscht und den letzteren mit dieser pomphaften Aufstellung veranlassen wollen. Ein solcher Wunsch wäre so ganz gegen die Interessen seiner Lage und gegen seine frühere Verfahrungsweise, daß man ihn nur als die Folge einer inneren Lähmung und Hemmung seines Geistesflugs betrachten könnte. Es kann dies nichts sein als ein flüchtiger Gedanke, ein unbewiesenes Ahnen und Herausfühlen der Wahrheit, und es würde kaum erlaubt sein, es in die Reihe der Betrachtungen aufzunehmen, wenn nicht ein anderes Moment, von dem wir gleich sprechen wollen, auch darauf führte.

2. Der zweite Gegenstand der Prüfung ist das Verhältniß, in welches Bonaparte seinen rechten Flügel zur Schlacht setzen will. Wir halten die ganze Ansicht, welche er davon giebt, für eine wahre Unredlichkeit, für einen nur hinterher entstandenen Plan. Das Verhältniß Grouchys und die Art, wie Bonaparte es zu seiner Rechtfertigung benutzt, hat eine große Aehnlichkeit mit dem Verhältnisse Neys am 16. Wie dort der linke Flügel ursprünglich nur die Bestimmung hatte, die Engländer aufzuhalten, oder gar ihre vorderen Divisionen in eine zurückstürzende Bewegung zu bringen, und nur später und als es offenbar zu spät war, die an sich auch höchst unnatürliche Bestimmung erhielt, zur Schlacht selbst mitzuwirken: so hat hier der rechte Flügel unter Grouchy am 17. nur die Bestimmung gehabt, den geschlagenen Blücher zu verfolgen, sein Sammeln, Besinnen oder gar Umkehren zu verhindern, und erst später und wieder zu spät und wieder ganz gegen die Natur der Verhältnisse erhält Grouchy die Bestimmung, zur Schlacht selbst mitzuwirken. Nach der Vertheidigungsschrift Grouchys findet sich in dem Ordrebuch des Major-général, Marschall Soult, kein Befehl verzeichnet, der im Laufe des 17. an diesen General ergangen wäre, und die Weisung, welche derselbe zur Verfolgung der Preußen erhielt, bestand blos in dem, was ihm

Bonaparte mündlich auf dem Schlachtfelde von Ligny in Gegenwart des Generals Girard sagte.

Dagegen finden sich zwei Schreiben des Marschalls Soult an Grouchy vom 18., die folgendermaßen lauten:

AU MARÉCHAL GROUCHY.
(Porté par l'adjutant commandant Lenowich.)

En avant de la ferme de Caillou le 18 Juin à 10 heures du matin.

Monsieur le Maréchal. L'Empereur a reçu Votre dernier rapport daté de Gembloux: Vous ne parlez à Sa Majesté que des deux colonnes prussiennes qui ont passé à Sauvenières et Sart à Valhain, cependant des rapports disent qu'une troisième colonne a passé à Gery et Gentinnes se dirigeant sur Wavre.

L'Empereur me charge de Vous prévenir, qu'en ce moment Sa Majesté va faire attaquer l'armée anglaise qui a pris position à Waterloo, près de la forêt de Soigne; ainsi Sa Majesté désire que Vous dirigiez Vos mouvemens sur Wavre, afin de Vous rapprocher de nous, Vous mettre en rapport d'opération et lier les communications, poussant devant Vous les corps de l'armée prussienne qui ont pris cette direction et qui auroient pu s'arrêter à Wavre, où Vous devez arriver le plutôt possible. Vous ferez suivre les colonnes ennemies, qui ont pris sur Votre droite, par quelques corps légers afin d'observer leurs mouvemens et ramasser leurs trainards.

Instruisez-moi immédiatement de Vos dispositions et de Votre marche, ainsi que de nouvelles que Vous avez sur les ennemis, et ne négligez pas de lier Vos communications avec nous; l'Empereur désire avoir très-souvent de Vos nouvelles.

Signé: le Major-général
Duc de Dalmatie.

Du champ de bataille de Waterloo le 18 à une heure après midi.

Monsieur le Maréchal. Vous avez écrit ce matin à deux heures à l'Empereur que Vous marcheriez sur Sart à Valhain: donc Votre projet étoit de Vous porter à Corbaix ou à Wavre. Ce mouvement est conforme aux dispositions de Sa Majesté, qui Vous ont été communiquées.

Cependant l'Empereur m'ordonne de Vous dire que Vous devez toujours manoeuvrer dans notre direction. C'est à Vous à voir le point où nous sommes, pour Vous régler en conséquence et pour lier nos communications, ainsi que pour être toujours en mesure pour tomber sur quelques troupes ennemies qui chercheroient à inquiéter notre droite et les écraser. En ce moment la bataille est gagnée*) sur la ligne de Waterloo. Le centre de l'ennemi est à Mont-Saint-Jean, ainsi manoeuvrez pour joindre notre droite.

Signé: *Duc de Dalmatie.*

P. S. Une lettre qui vient d'être interceptée, porte que le général Bülow doit attaquer notre flanc; nous croyons appercevoir ce corps sur les hauteurs de Saint Lambert; ainsi ne perdez pas un instant pour Vous rapprocher de nous et nous joindre et pour écraser Bülow, que vous prendrez en flagrant délit.

Dagegen behauptet nun Bonaparte am 17. Abends zehn Uhr einen Offizier an Grouchy gesandt zu haben: „pour l'informer qu'il avoit intention de livrer une grande bataille le lendemain; que l'armée anglo-belge étoit en position en avant de la forêt de Soigne, à gauche appuyée au village de la Haye, que certainement le Maréchal Blücher opéreroit dans une des trois directions suivantes:

1. qu'il se retireroit sur Liége,

---

*) Wahrscheinlich soll es engagée heißen.

2. qu'il se porteroit sur Bruxelles,
3. qu'il resteroit en position sur Wavre; que dans tous les cas il étoit nécessaire qu'il manoeuvrât par St. Lambert pour déborder l'aile gauche de l'armée angloise et joindre la droite de l'armée françoise; mais que dans les deux premiers cas il devoit exécuter son mouvement avec la majorité de ses forces combinées, et dans le troisième ce.ne devoit être qu'avec un détachement plus ou moins fort, suivant la nature de la position, qu'il pourroit occuper en face de l'armée prussienne."

Ferner behauptet Bonaparte am 18. ganz früh diesen Befehl durch ein Duplikat wiederholt zu haben. Bonaparte setzt aber gleich hinzu, daß der Marschall Grouchy diese beiden Befehle nicht bekommen habe; dieser Marschall aber erklärt geradezu, daß er überzeugt sei, sie seien nie gegeben, und in der That hat es, wenn man die Sache genau betrachtet, sehr ein solches Ansehen; denn

1. finden sie sich nicht im Ordrebuch des major-général.
2. Nehmen die beiden angeführten Schreiben vom 18. gar keine Beziehung darauf, sondern stimmen nicht einmal recht damit zusammen.
3. Ist es unwahrscheinlich, daß zwei Befehle hinter einander verloren gehen sollten, die durch Offiziere überbracht werden. Sind die Offiziere auch verloren gegangen? muß man billig fragen.
4. Hätte Bonaparte die Offiziere wohl genannt, die diese Befehle überbracht haben.
5. Ist es auffallend, daß die Behauptung, Grouchy habe diese Befehle nicht erhalten, von Bonaparte selbst ausgeht.
6. Ist es wunderbar und Verdacht erweckend, daß auch dem Marschall Ney am 16. ein ähnlicher Befehl nicht zugekommen ist.

In jedem Fall sagt der Marschall Grouchy mit Recht, daß er nicht verantwortlich sein könne für die Ausführung von

Befehlen, von welchen Bonaparte selbst sagt, daß sie ihm nicht zugekommen seien, und daß er also nur nach der mündlichen Weisung habe handeln können, die ihm Bonaparte den 17. gegen Mittag gegeben habe. Er hatte Grouchy am 16. Abends, als Dieser um fernere Verhaltungsbefehle bat, gesagt, er werde sie ihm den andern Morgen geben. Grouchy erzählt nun, wie folgt:

J'étois chez lui le lendemain avant le lever du soleil, attendant des ordres. Vers les sept heures et demie il me fit dire par le major-général qu'il alloit visiter le champ de bataille, que je l'y suivrois.

Cependant le général Pajol, qui avoit reçu ordre de suivre les Prussiens avec sa cavalerie légère et une division d'infanterie, venoit d'envoyer quelques pièces de canons prises sur la route de Namur. Cette circonstance portoit alors à croire, que c'étoit vers cette ville que se retiroit le général Blücher.

Entre huit et neuf heures Napoléon partit de Fleurus en voiture pour se rendre au champ de bataille. La difficulté des chemins qu'on lui fit prendre à travers de champs coupés de fossés et de sillons profonds, le retardoit tellement qu'il se détermina à monter à cheval. Arrivé à St. Amand, il se fit conduire aux diverses avenues par lesquelles le village avoit été attaqué la veille, puis il se promena sur le champ de bataille, faisant soigner et interroger quelques officiers blessés qui s'y trouvoient encore, et passant devant le front des régimens qui se formoient sans armes dans les champs où ils avoient bivouaqués, et le saluoient de leurs acclamations; il parla à presque tous les corps avec intérêt et satisfaction de leur conduite la veille. Il mit ensuite pied à terre et causa longuement avec le général Gérard et avec moi de l'état de l'opinion à Paris, du corps législatif, des Jacobins et de divers autres objets, tout à fait étrangers à ceux qui sembloient devoir exclusivement l'occuper dans un pareil moment.

J'entre dans ces détails, quelque minutieux qu'ils paroissent, parcequ'ils servent à faire voir, comment fut employée cette matinée dont la perte a eu de si funestes résultats. Ce ne fut que vers midi, après avoir reçu le rapport d'une reconnoissance qui avoit été envoyée aux Quatre-Bras, que Napoléon commença à s'occuper des ordres relatifs aux dispositions qu'il se déterminoit à adopter. Il fit d'abord mettre en mouvement et diriger sur la route de Quatre-Bras les corps d'infanterie et de cavalerie qu'il vouloit emmener avec lui, et me donna ensuite l'ordre verbal de prendre le commandement des corps des généraux Vandamme et Gérard et de la cavalerie des généraux Pajol et Excelmans, et de me mettre à la poursuite du Maréchal Blücher.

Je lui fis observer que les Prussiens avoient commencé leur retraite la veille à dix heures du soir, qu'il s'écouleroit beaucoup de tems avant que les troupes, qui étoient fort disséminées dans la plaine, qui avoient démonté leurs armes pour les nettoyer, qui faisoient la soupe et ne s'attendoient point à marcher ce jour-là, pussent être mises en mouvement; qu'ainsi l'ennemi auroit dix-sept à dix-huit heures d'avance sur les corps qu'il envoyoit après eux; que si les rapports de la cavalerie ne donnoient encore rien de bien précis sur la direction suivie par la masse de l'armée prussienne, cependant il paroissoit que c'étoit sur Namur que s'opéroit la retraite du Maréchal Blücher, qu'ainsi, en les poursuivant, j'allois me trouver isolé, separé de lui et hors du cercle de ses opérations.

Ces observations furent mal accueillies; il me répéta l'ordre qu'il m'avoit donné, ajoutant que c'étoit à moi à découvrir la route prise par le Maréchal Blücher, qu'il alloit combattre les Anglois, que je devois compléter la défaite des Prussiens, en les attaquant aussitôt que je les aurois joints, et que je corresponderois avec lui par la route pavée qui conduit du point peu distant de celui près duquel nous nous trouvions, aux Quatre-Bras. Quelques instants de conversation que j'eus ensuite avec le major-général, n'eurent trait qu'à la distraction des troupes que je devois tirer des corps sous mes ordres pour les envoyer vers les Quatre-Bras.

Indem man sich so vom Marschall Grouchy den Hergang erzählen läßt von dem, was am Morgen des 17. bei Bonaparte geschehen ist, sieht man:

1. daß dieser Marschall nach aller Wahrscheinlichkeit wirklich keine andere Weisung für seine Thätigkeit am 17. erhalten hat, als eine sehr allgemeine zur Verfolgung der Preußen;
2. daß Bonaparte keineswegs eine Idee von dem Rückzuge der Preußen gegen die Dyle hatte und selbst die Meinung, sie seien nach Namur gegangen, nicht unvernünftig fand, also dem Marschall auch nicht die Richtung nach Wavre gab;
3. daß den 18. um 10 Uhr Morgens Bonaparte zwar die Nachricht hat, es sei eine Kolonne Preußen auf Wavre gegangen, daß er aber doch die Hauptmasse immer noch in der Richtung auf Lüttich glaubt und daher den General Grouchy unzweifelhaft im Stande, diejenige von Wavre zu vertreiben und sich dadurch zwischen ihn und die Preußen zu schieben;
4. daß wirklich eine Art von Trägheit und Sorglosigkeit in Bonaparte erscheint, die man sich in seiner Lage und bei seiner früheren Verfahrungsweise nicht erklären kann. Und dies ist eben die zweite Erscheinung, welche auf den Gedanken führt, es sei in ihm eine Veränderung vorgegangen.

Wenn er seine Kavallerie am Abend des 16. nicht weiter folgen lassen wollte, warum ließ er sie nicht am 17. mit Tagesanbruch aufsitzen, um den verschwundenen Blücher wieder aufzusuchen und wenigstens über die Richtung im Reinen zu sein, die er genommen, und folglich über die beste Richtung, welche der gegen ihn bestimmten Truppenmasse gegeben werden könne? Warum schleppt er den General, welcher die Verfolgung übernehmen soll, drei bis vier Stunden mit sich herum, ohne ihn abzufertigen, und wie konnte sein Geist mit den Dingen, welche sich in Paris zutragen könnten, so beschäftigt sein, daß er die großartigsten Angelegenheiten der Kriegführung darüber aus den Augen verlor?

In jedem Fall macht das Ganze dieser Erzählung einen solchen Eindruck, daß man nicht mehr zweifelt, Bonaparte habe die Preußen vor der Hand für abgefunden gehalten und nicht daran gedacht, sich den ferneren Kampf mit ihnen in einer engen und unmittelbaren Verbindung mit dem Kampfe zu denken, den er nun mit Wellington bestehen wollte. Also kein Gedanke an die Mitwirkung Blüchers und eben so wenig an die von Grouchy zu der Schlacht, die sich jetzt auf der Brüsseler Straße zutragen sollte. Die Darstellung Bonapartes, als habe er die Vertheilung der gegenseitigen Streitkräfte am 17. als eine Bewegung auf Brüssel in 2 Kolonnen angesehen, von welchen die eine, Blücher und Grouchy, über Wavre, die andere, Wellington und er selbst, über Mont St. Jean gezogen, ist eine hinterher zusammengeschraubte Ansicht, deren zu erwähnen nicht der Mühe werth sein würde, wenn sie nicht mehrere Schriftsteller nachgeschrieben hätten.

Nachdem wir gezeigt haben, daß die Mitwirkung des rechten Flügels zu dem, was auf dem linken sich zutragen würde, höchst wahrscheinlich dem französischen Feldherrn am 17. d. h. zur rechten Zeit gar nicht in den Sinn gekommen ist, müssen wir wieder die Natur dieser am 18. viel zu spät geforderten Mitwirkung näher betrachten.

Hätte Bonaparte am 17. dem Marschall Grouchy befohlen, nicht dem Fürsten Blücher auf allen seinen Rückzugsstraßen zu folgen und zu drängen, sondern ihn zu beobachten, sich selbst aber immer zwischen der Hauptarmee und Blücher zu halten, so hätte am 18. eine Mitwirkung Grouchys eintreten können, entweder indem er sich dem heranrückenden Blücher vorlegte oder indem er, wenn Blücher nicht vorrückte, selbst gegen Mont St. Jean hin detaschirte. Daß eine solche Rolle eine ganz andere war, wie die des Verfolgens und Drängens, ist einleuchtend. Eine solche Bestimmung würde Grouchy von selbst an die Dyle geführt haben, weil dieser Fluß zwischen den beiden verbündeten Armeen einen großen Terrainabschnitt bildet, aber nicht über Gembloux, sondern über Tilly, um so früh als möglich das linke Ufer zu gewinnen. Blieben die Preußen auf dem rechten Ufer der Dyle, so waren Limal und Wavre natürliche Aufstellungspunkte für Grouchy; hörte Dieser aber, daß die Preußen ihren Weg selbst auf Wavre genommen, so war die Gegend von neuf Cabaret oder irgend eine andere mit dem rechten Flügel an der Dyle, mit der Fronte der Straße von Wavre nach Brüssel parallel eine passende Stellung, um entweder Blücher in Schach zu halten, wie man sagt, oder sich ihm vorzulegen oder ihm zur Seite zu bleiben.

In dieser Stellung war Grouchy nur etwa eine Meile von Bonaparte entfernt und konnte vermittelst gewöhnlicher Seitenpatrouillen mit ihm in gerader Verbindung bleiben; es war also nicht unmöglich, selbst noch am Tage der Schlacht durch Befehle von ihm geleitet zu werden.

Dagegen war die Richtung über Gembloux ohne Zwischenkorps hinter Blücher her eine ganz divergente, die das Grouchysche Korps nicht allein noch einmal so weit von der Hauptarmee entfernte, sondern auch die Verbindung durch einen beträchtlichen Umweg nöthig und überhaupt ungewiß machte. Wir sehen daher, daß ein Befehl, den 18. um 1 Uhr geschrieben, erst um 7 Uhr Abends in Grouchys Hände kam, und dies ist gar nicht zu verwundern, denn man hatte von Seiten des major-général selbst nöthig gefunden, daß der Offizier, welcher diesen Befehl überbrachte, über Quatrebras und Gembloux gehen sollte; er hatte also einen Weg von etwa 7 Meilen zurückzulegen. Wie kann aber ein Korps, dem die Befehle erst nach 6 Stunden zugehen, als Theil einer und derselben Schlacht angesehen werden? Wie kann ein Feldherr darauf Anspruch machen, ein solches Korps vom Schlachtfelde aus nach den Oszillationen der Nachrichten eines und desselben Tages leiten zu wollen? So ist es aber, wenn wir den Schluß des zweiten Briefes lesen: En ce moment la bataille est engagée sur la ligne de Waterloo. Le centre de l'ennemi est à Mont St. Jean, ainsi manoeuvrez pour joindre notre droite...

und gar das Postscriptum:

Une lettre qui vient d'être interceptée, porte que le général Bülow doit attaquer notre flanc, nous croyons appercevoir ce corps sur les hauteurs de St. Lambert; ainsi ne perdez pas un instant pour Vous rapprocher de nous et nous joindre, et pour écraser Bülow que Vous prendrez en flagrant délit.

Wenn Grouchy auch diesen Befehl um 4 Uhr Nachmittags bekommen hätte, was doch in jedem Falle sehr ungewiß war, und wenn dieser Marschall auch gleich hätte abmarschiren können, so würde er aus der Gegend von Wavre doch nicht vor 9 Uhr in der Gegend des Schlachtfeldes eingetroffen sein, denn man marschirt in einer stark eingeschnittenen Gegend in Gegenwart des Feindes mit 40,000 Mann nicht so geschwind wie ein einzelner Mensch geht, und der Weg, den Grouchy zurückzulegen hatte, betrug über 2 Meilen. Wer an die großen faux frais von Zeitverlust denkt, die im Kriege den ganzen Akt des Handelns unaufhörlich durchziehen und als wesentliche Bestandtheile in die Rechnung mit aufgenommen werden müssen, Der kann jenen Befehl unmöglich für praktisch halten. Aber was setzt jener Befehl noch voraus? daß Grouchy ganz unbeschäftigt war und in jedem Augenblick zum Abmarsch im Stande. Aber Grouchy war ja zur Verfolgung Blüchers bestimmt und Bonaparte konnte ja nicht anders voraussetzen, als daß er entweder mit diesem General handgemein sei oder über mehrere Straßen zerstreut in seiner ferneren Verfolgung begriffen; in beiden Fällen aber war es höchst unvernünftig zu erwarten, daß er bereit sei, sogleich zur Schlacht von Waterloo abzumarschiren. Die Sache ist, daß Bonaparte am 18., als er die Nachricht erhalten, daß ein Theil der Preußen auf Wavre gegangen, zuerst anfängt einige Besorgniß zu bekommen, sie könnten Wellington unterstützen, daß er aber diese Kolonne nur für einen kleinen Theil der preußischen Armee hält, den Grouchy leicht vertreiben könnte. Nun erst fängt ihm an die Wichtigkeit klar zu werden, Grouchy in einer Stellung zwischen sich und den Preußen zu haben, und nun erst bekommen seine Weisungen die Tendenz, die sie von Hause aus gehabt haben würden, wenn er am 17. den General Grouchy mit einem Befehle versehen hätte, wie wir S. 131 angegeben haben, d. h. wenn er nicht in seinem Hochmuthe vorausgesetzt hätte, Blücher sei abgefunden. Mit der steigenden Noth in der Schlacht geht er von dem Gedanken, Grouchy zwischen sich und den Preußen zu haben, zu dem anderen über, daß Grouchy im Grunde nichts sei als der rechte Flügel seiner Schlachtenlinie und daß er noch herbeigerufen werden könne, um das preußische Korps, das sich bei den Engländern eingefunden hat, von hinten anzufallen. — Allein Armeen bewegen sich nicht wie Gedanken, und wenn man einer Sache von Hause aus eine falsche Tendenz gegeben hat, so muß man in den meisten Fällen die Folgen davon tragen.

Bonaparte hat immer nur von Bülow gesprochen, als ob die übrigen Preußen durch die Schlacht von Ligny zu jeder ferneren Mitwirkung unfähig geworden wären. Das aber war eine thörichte Voraussetzung, denn dazu berechtigte ihn der Ausgang der Schlacht und die geringe Zahl der Trophäen auf keine Weise. Indem er aber bestimmt voraussetzte, was sich bei St. Lambert zeigte, könne nur Bülow, niemals Blücher sein, konnte er um so weniger glauben, daß der Marschall Grouchy mit dadurch herbeigezogen werden werde, denn Dieser war gegen Blücher und nicht gegen Bülow abgesandt und mußte im Konflikt mit Jenem, aber nicht mit Diesem gedacht werden.

Das Resultat dieser Betrachtungen für uns ist also:

1. daß am 17. Bonaparte die Mitwirkung Blüchers und Grouchys zur Schlacht vom 18. gar nicht im Auge gehabt,

daß er gar nicht daran gedacht hat und daß er also am 18. durch Blüchers Erscheinen im Sinne der allgemeinen Anordnungen vollkommen überrascht worden ist;

2. daß die am 18. zur Mitwirkung Grouchys gegebenen Befehle als wahre Lückenbüßer der Verlegenheit erscheinen, und unmöglich noch in Wirksamkeit kommen konnten.

So viel über das Verhältniß, in welches Bonaparte seinen rechten Flügel zur Schlacht setzen will. Ueber das Handeln Grouchys selbst wollen wir später unsere Betrachtung anstellen.

Wenden wir uns jetzt zur Schlacht selbst, so giebt sie uns ferner zu folgenden Betrachtungen Veranlassung.

3. Von einem eigentlichen Plane des Angriffs erfahren wir nichts. Der Aufmarsch und das Vorrücken ist parallel mit der feindlichen Fronte und die Vertheilung der Kräfte fast gleichförmig auf der ganzen Linie. Gleichwohl scheint, weil der Angriff auf das Vorwerk Hougomont und auf das Dorf la Haye so wenig Energie hatte, der Angriff auf die Mitte aber eine so große, daß es Bonapartes Absicht war, die verbündete Armee in der Mitte zu durchbrechen und sie auf den Flügeln nur zu beschäftigen. Da die Mitte gerade die Hauptrückzugsstraße hinter sich hatte und man gewöhnlich annimmt, daß die übrigen Eingänge in das Holz von Soigne nicht für alle Waffen brauchbar gewesen seien, so wäre ein solches Durchbrechen in der Mitte allerdings von einem höchst entscheidenden Erfolge gewesen, und es gab gewiß keinen anderen Weg, der verbündeten Armee so schnell eine totale Niederlage beizubringen als diesen. Bedenkt man, daß Bonaparte das sechste Korps seiner Mitte folgen ließ und daß auch die Garden hinter der Mitte waren, so kann man sich auch das Gelingen eines solchen Planes wohl vorstellen; wenn nämlich die 3 Divisionen des ersten Korps, welche den Angriff auf die Mitte bildeten, die Kräfte der Verbündeten im Feuergefechte einige Stunden lang gehörig geschwächt und fast erschöpft hatten, so konnte das sechste Korps zur Entscheidung heranrücken und den eigentlichen Durchbruch machen, die Garden

aber als Reserven folgen, im Fall die Wellingtonschen Flügel versucht hätten einen Anfall auf die feindlichen Flügel zu improvisiren. Eine solche Reaction aus dem Stegreife ist selten sehr nachhaltig und von großer Kraft; die französischen Garden würden also wohl im Stande gewesen sein den Stoß auszuhalten, und indessen wäre der Sieg in der Mitte stets im Vorschreiten und für Wellington die Gefahr im Steigen gewesen.

So kann man sich den Angriff Bonapartes als von einem glänzenden Erfolge gekrönt denken, aber man muß die wirksamen Ursachen hier nicht verwechseln und in falsche Beziehungen bringen.

Das Durchbrechen des Centrums ist in gedehnten Gebirgsstellungen, wo alles wie angenagelt steht und eine offensive Reaction aus mehr als einem Grunde nicht in der Natur der Sache liegt, die einfachste, gefahrloseste und entscheidendste Art des Angriffs.

Aber so ist es nicht in einer gesammelten, oder gar durch die Masse großer Reserven sehr tiefen Aufstellung. Da ist das Durchbrechen des Centrums zwar, wenn es gelingt, vielleicht immer das entscheidendste, aber von der anderen Seite das unnatürlichste und gefährlichste Mittel. Denn

1) hat der Angreifende nicht wie beim Umfassen Raum, auf dem entscheidenden Punkte sehr überlegene Kräfte anzuwenden;
2) kann er seine Absicht und Anordnung viel weniger verbergen;
3) wenn der Gegner auf den Flügeln zum Angriff übergeht, so entsteht die nachtheiligste Form des Gefechts.

Beständen unsere Schlachten noch aus einem momentanen Stoße und wären die Armeen wie spröde Körper zu betrachten, deren krystallinisches Gefüge durch einen solchen Stoß zerschmettert werden könnte, so würde der dritte jener Nachtheile wenig in Betracht kommen. Aber unsere Schlachten dauern halbe und ganze Tage, sie sind, was bei weitem den größten Theil der ganzen Anstrengung betrifft, ein langsames Aufreiben und Abzehren der beiden Heere, die in ihren Fronten mit einander in Berührung gebracht, sich wie zwei feindliche Elemente einander da zerstören, wo sie sich berühren. So brennt die Schlacht mit ermäßigtem Prinzip wie nasses Pulver langsam fort, und nur wenn der größte Theil der gegenseitigen Streitkräfte bereits zu unbrauchbaren Schlacken ausgebrannt ist, wird mit den noch übrigen die Entscheidung gegeben. Bei diesem Charakter des Kampfes ist der Stoß mit verstärkter Mitte wie mit einem Mauerbrecher gegen die feindliche Fronte an sich ein sehr unnatürliches Mittel.

Man hat oft sagen hören, daß das Durchbrechen des Centrums Bonapartes Lieblingsmanöver sei. Kühn, rücksichtslos, übermächtig und übermüthig, wie er war, und stets nach den größten Erfolgen dürstend, sollte man allerdings glauben, es habe ihm besonders zusagen müssen; aber geht man die Hauptschlachten durch, in denen er der Angreifende gewesen ist, so sieht man, daß jene Behauptung ganz ungegründet ist.

Dies beweist wohl mehr als alles, wie sehr ein Stoß auf die feindliche Mitte gegen die Natur der Sache ist, und mit welcher Gewalt diese den Angreifenden immer auf die Flügel hinzieht.

Wenn wir nun bei Mont St. Jean den Erfolg doch für möglich halten, so geschieht es nur, weil wir 70,000 Franzosen, von Bonaparte und Ney geführt, allerdings in einem merklichen Uebergewicht glauben gegen 70,000 Verbündete, von denen ein Drittel aus hannöverschen Landwehren und neuen Formationen und ein Drittel aus belgischen, eben zusammengebrachten Truppen bestanden, deren Geist in Offizieren und Gemeinen gewiß nicht zuverlässig war. Daß sie viel schneller als die Franzosen im Gefecht zusammengeschmolzen sind, scheint aus dem Geständnisse aller Augenzeugen hervorzugehen. War wirklich Wellingtons Lage Nachmittags um 5 Uhr schon sehr mißlich, ohne daß ein Mann des sechsten Korps und der Garden gegen ihn gefochten hatte, so muß man allerdings darin die Ueberlegenheit der französischen Truppen erkennen.

Wenn wir also glauben, daß der Stoß auf Wellingtons Mitte hätte gelingen können, so geschieht es nur,
1) weil wir die Qualität der Truppen für zu ungleich halten;
2) weil es nicht scheint, daß Wellington auf eine offensive Reaktion gefaßt und eingerichtet war.

Unter diesen Umständen ist einem Feldherrn wie Bonaparte, der das Kühnste im Auge haben mußte, wenn es nur zu recht glänzenden Resultaten führte, der von ihm beabsichtigte keilförmige Stoß auf Mont St. Jean schwerlich als ein Fehler anzurechnen.

Aber dies ist alles nur richtig, wenn man sich das sechste Korps und die Garden hinzudenkt; so wie Blücher erscheint, das sechste Korps ganz und die Garden halb gegen Diesen gebraucht werden müssen, so wird dieser Stoß auf die Mitte eine wahre échauffourée, ein wilder Versuch des Ueberrennens, und ganz in diesem Sinne ist denn auch der frühzeitige und verschwenderische Gebrauch der Kavallerie. Von dem Augenblick an ist nichts mehr im rechten Verhältniß: die Streitkräfte gegen die Flügel sind eben so stark als die gegen die Mitte, es ist also hier keine Ueberlegenheit und folglich auch kein Grund zum Erfolge. In der That, wie sehr auch Wellingtons Armee zusammengeschmolzen sein, wie drohend sich auch die Stellung der französischen Kavallerie in und dicht vor der Wellingtonschen Linie ausnehmen mochte, Wellingtons Reserven waren noch nicht erschöpft, und wenn dem französischen Angriffe keine dichten Massen frischer Truppen folgten, so waren diese Anstrengungen nur eine wahre Kraftverschwendung. Weil es also Bonaparte an Kräften fehlte, den Stoß auf die feindliche Mitte gehörig vorzubereiten, wie man in der neueren Zeit jeden Stoß vorbereiten muß, weil es ihm auch an Zeit fehlte, darum mußte er alles übereilen; es war nicht mehr ein mit Weisheit angelegter und zur gehörigen Reife durchgeführter Plan, sondern eine Handlung der Verlegenheit, im Grunde schon einer blinden Verzweiflung.

Wir sehen also, daß die Ankunft Blüchers nicht allein dem französischen Feldherrn den Sieg aus den Händen gewunden hat, was auch gegen Türenne, Friedrich den Großen, oder, wen man sonst von großen Feldherren an die Stelle setzen will, der Fall gewesen sein würde, sondern daß sie ihn auch vermocht hat mit einer Art von ohnmächtiger Wuth seine Kräfte gegen Wellington wie an einem Felsen zu zerschellen und sich dadurch in jenen Zustand der gänzlichen Auflösung zu versetzen, mit welchem dieser merkwürdige Tag endigte.

4. Die meisten Kritiker haben gewollt, daß Bonaparte den linken Flügel Wellingtons hätte vorzugsweise angreifen und umfassen sollen.

Wellingtons linker Flügel war an sich schwach, und es muß ein solcher Angriff, wenn man von der Mitwirkung Blüchers ganz absieht, viel leichter, obgleich weniger entscheidend erscheinen als der auf die Mitte. Wenn also Bonaparte das Erscheinen Blüchers geradezu für unmöglich gehalten hat, so wäre wenigstens viel dafür zu sagen gewesen. Denkt man aber an die Möglichkeit, daß die Preußen über Lasne und St. Lambert anrücken, so ist es wohl an sich klar genug, daß der Angriff des linken Flügels dadurch so gut wie unmöglich wurde.

Der rechte Flügel Wellingtons war dem Terrain nach stärker als der linke, denn bei Braine la Leud und Merbe Braine finden sich beträchtliche Vertiefungen, die den Angriff sehr erschwert haben würden. Auch würde ein Angriff von dieser Seite d. h. auf dem rechten Flügel und in der rechten Flanke sich vielleicht noch um ein Paar Stunden länger verzögert haben, was in der Lage Bonapartes von ungewöhnlichem Gewichte war; ferner gab er dadurch seine natürliche Rückzugslinie ganz Preis und mußte, im Fall er geschlagen wurde, sich an Mons vorbei den Weg auf Maubeuge oder Valenciennes suchen; endlich ist offenbar dieser Angriff der wenigst entscheidende, denn es wird durch seinen Erfolg weder die Armee Wellingtons in sich, noch von der Blücherschen getrennt. Dies sind so viele und so wichtige Rücksichten, daß sie in den meisten anderen Fällen von dem Gedanken, dem Angriff diese Form zu geben, hätten entfernen müssen. Aber wenn wir dabei stehen bleiben, daß die Ankunft Blüchers mit einer bedeutenden Hülfsmacht (d. h. 50,000 Mann) so wahrscheinlich war, daß sie in jedem Fall in dem Plane des Angriffs berücksichtigt werden mußte, und daß unter dieser Bedingung weder von einem Angriffe der Mitte, noch des linken Flügels eine entfernte Möglichkeit des Sieges zu erwarten war, so muß man allerdings auf den Angriff des rechten zurückkommen, denn eine Möglichkeit des Erfolgs ist doch das erste Gesetz.

Wäre Bonaparte mit seiner Armee links abmarschirt und hätte sich über Braine la Leud in Wellingtons rechte Flanke gezogen, so wäre dieser gezwungen worden nach Westen Fronte zu machen. Hier hatte Wellington nun fast eine noch stärkere Fronte; aber es traten für die Franzosen zwei vortheilhafte Umstände ein. Der erste ist, daß in dieser Stellung Blücher höchst wahrscheinlich nicht in die rechte Flanke der Franzosen vorgerückt wäre, sondern seine Verbündeten grade von hinten unterstützt hätte; das Gefecht bekam also keine den Franzosen so nachtheilige Form; der zweite, daß das Holz von Soigne in Wellingtons rechte Flanke kam und da Dieser gewiß für die Straße von Brüssel immer eine große Empfindlichkeit und Besorgniß gezeigt haben würde, so konnte es von Bonaparte benutzt werden, Wellington zu einer starken Besetzung desselben d. h. zu einer Kraftzersplitterung zu veranlassen, wobei er denn nicht auf eine so tiefe und dichte Stellung gestoßen wäre und weniger Widerstand gefunden hätte.

Eine Niederlage konnte Wellington auf diese Weise nicht wohl erleiden, aber vielleicht einen ähnlichen Stoß wie Blücher bei Ligny; vielleicht hätte sich dann Uneinigkeit und Unentschlossenheit zwischen beiden Feldherren gezeigt, vielleicht konnte die Erscheinung Grouchys im Rücken Blüchers für den 19. dasjenige bewirken, wozu es am 18. an Zeit fehlte; beide Feldherrn hatten ohnehin ihre natürlichen Rückzugslinien aufgeopfert, das mußte Unbehaglichkeit in ihre Lage, Schwanken in ihre Entschlüsse bringen; kurz es ist wohl möglich, daß, wenn Beide ihrem Gegner nicht schon am 18. den Sieg wieder aus den Händen rissen, am 19. eine Trennung erfolgt wäre, die die Einleitung zu größeren Resultaten werden konnte.

Wir sagen also: Der Angriff auf den linken Flügel und in der linken Flanke war am wenigsten thunlich; der auf das Centrum war der kürzeste und entscheidendste; er war zulässig, wenn einigermaßen Aussicht war, ihn zu beendigen, ehe Blücher einschritt; war aber das frühzeitige und mächtige Erscheinen Blüchers eine nothwendige Voraussetzung, so bot der Angriff des rechten Flügels und der rechten Flanke noch allein einige Aussicht auf den Sieg dar.

5. Daß Bonaparte das Thal von Lasne und St. Lambert nicht sogleich mit etwas leichten Truppen besetzen ließ, mag ein Fehler sein; es würde aber doch in dem Erfolge des Ganzen schwerlich eine merkliche Aenderung hervorgebracht haben. Ein ganzes Korps, z. B. das sechste, in jener Gegend aufzustellen, würde einen ganz andern Plan, eine ganz andere Ansicht voraussetzen, als Bonaparte sie hatte. Freilich konnte Lobau bei Lasne und St. Lambert einen stärkeren und längeren Widerstand leisten als bei Frichermont, aber er wurde dann auch viel früher angegriffen, und wenn Blücher etwas über Couture vordringen ließ, so war er in Gefahr, ganz abgeschnitten zu werden; dann mußte Bonaparte neue Truppen nach dieser Gegend schicken und mit einem Wort: er verwickelte sich dann in ein Schlachtfeld von der doppelten Ausdehnung, was gar nicht nach seinem Geschmack war, und wo er die Dinge allerdings auch weniger in seiner Hand hatte. Dagegen scheint es allerdings, daß das Korps von Lobau besser zwischen Frichermont und Pajeau aufgestellt gewesen wäre, um dort seinen Hauptwiderstand zu leisten.

6. Endlich betrifft unsere letzte Bemerkung über die Schlacht von Seiten Bonapartes die schon früher berührte Ver-

wendung der letzten Reserve. Ein vorsichtiger Feldherr, Türenne, Eugen, Friedrich der Große, der sich nicht in einer so außerordentlichen Lage befunden, der entweder mehr zu verantworten oder mehr zu verlieren gehabt hätte, würde die Schlacht von Belle-Alliance nicht geliefert, d. h. Mittags 12 Uhr, als Bülow erschien, abgebrochen und sich zurückgezogen haben. Wenn es möglich wäre die Regeln der Kriegskunst blos auf objektive Verhältnisse zu beschränken, so würde man hier sagen: es war gegen alle Regel, diese Schlacht noch zu versuchen. Die ältere Kritik würde auch nicht gesäumt haben, dies festzustellen und nur hinzusetzen: Aber freilich kann sich das Genie nicht an die Regel binden. So urtheilen wir nun nicht. Wenn die Kriegführung im Großen von Grundsätzen ausgehen soll, so müssen diese wenigstens jedes Verhältniß umfassen, in dem sich der Kriegführende befinden kann, und zwar die großartigsten und durchgreifendsten Verhältnisse vor allen übrigen.

Bonaparte, der auf der Spitze seines Degens nicht blos die Krone von Frankreich balancirte, sondern eine Menge anderer Kronen zu gleicher Zeit, der sich einzig und allein mit Kühnheit und verwegenem Trotze durch eine Welt ihm entgegentretender fester Verhältnisse und Ordnungen seinen Weg bahnen sollte — wie könnte man Bonaparte mit dem Maßstabe messen, mit welchem ein Türenne gemessen werden muß, der, in eine große Staatsordnung gehörig, sie weniger bestimmt, als er selbst von ihr bestimmt wird, und als ein nur wenig vorragendes Glied derselben zu betrachten ist. Wie könnte man Bonaparte tadeln, daß er einer Schlacht darum nicht ausgewichen ist, weil er schon das Schwert blitzen sah, das der rachedurstige Blücher in seiner Seite zuckte, und sah, daß ihm kaum noch eine Hoffnung des Sieges blieb. Das war ja eben der einzige Weg zum Ziel, daß er die letzten Hoffnungen noch verfolgte, das Glück noch an seinen schwächsten Fäden festzuhalten suchte. Als er gegen Wellington vorrückte, seines Sieges fast gewiß, erschienen etwa 10,000 Mann in seiner rechten Flanke; es war Hundert gegen Eins zu wetten, daß fünf- oder sechsmal so viel folgen würden, und dann war die Schlacht nicht zu gewinnen; aber es blieb doch möglich, daß es nur ein mäßiges Detaschement sei, daß mancherlei Ungewißheiten und Behutsamkeiten sein wirksames Einschreiten verhindern konnten. Auf der anderen Seite lag ja für ihn nichts als ein unvermeidlicher Untergang; sollte er sich durch die bloße Gefahr in die Gewißheit hineinschrecken lassen? Nein, es giebt Lagen, wo die höchste Vorsicht nur in der höchsten Kühnheit zu suchen ist, und zu diesen gehörte die Lage Bonapartes.

So urtheilen wir über sein Beharren beim Entschluß zur Schlacht, und es lag uns daran, durch diese Ansicht zu zeigen, daß, wenn wir nun sein Aufopfern der letzten Reserven ganz mißbilligen, dies eben nicht nach dem Werkschuh einer gewissen Normal-Vorsicht geschehe. Als die Streitkräfte Blüchers zu 50- und 60,000 Mann anschwollen, als Lobau überwältigt und bis gegen die allgemeine Rückzugsstraße geworfen wurde, als neue schwarze Massen sich unter Zieten in die leer gewordene Stellung Wellingtons hineinsenkten, als die Nacht einbrach und also schon dadurch jede Möglichkeit einer Mitwirkung Grouchys verschwand: — da war an keinen Sieg mehr zu denken, da gab es für den Feldherrn keine andere Pflicht und Klugheit mehr, als mit einem Theile seiner Reserve sich gegen Bülow hin etwas Luft zu machen, um Raum zum Rückzuge zu gewinnen, und diesen dann unter dem Schutze der übrigen Reserven unverzüglich anzutreten. Die Schlacht war verloren, vielleicht war eine wahre Niederlage schon nicht mehr zu vermeiden, aber für Bonapartes fernere Angelegenheiten war es immer ein ungeheurer Unterschied, ob er, von einer Uebermacht überwältigt, an der Spitze einer unüberwindlichen Schaar das Schlachtfeld tapfer fechtend verlassen hatte, oder ob er wie ein eigentlicher Flüchtling zurückkam, belastet mit dem Vorwurfe, sein ganzes Heer zu Grunde gerichtet und dann im Stich gelassen zu haben. Bonaparte hat vielleicht nie einen größeren Fehler gemacht. Freilich wird derjenige Feldherr wenig Schlachten gewinnen, der beim leisesten Sinken der Wage behutsam sich aus der Falle zieht, und solch ein bloßes Andeuten des Kampfes konnte nicht der Charakter der Bonapartischen Kriegführung sein; es giebt eine Menge Siege, die nur durch Ausdauer und Anstrengung der letzten Kräfte errungen sind; aber die Kritik kann verlangen, daß der Feldherr nicht nach dem Unmöglichen strebe und dieser Unmöglichkeit Kräfte aufopfere, die er nützlicher brauchen kann. Hier erscheint Bonaparte nicht in der Fassung eines großen Mannes, sondern in einer fast gemeinen Erbitterung, wie Einer, der ein Instrument zerbrochen hat und wüthend die Fragmente zertrümmernd auf die Erde wirft.

49. Die Verbündeten.

Ueber das Benehmen der verbündeten Feldherren in der Schlacht von Belle=Alliance haben wir wenig zu sagen.

Die Stellung Wellingtons war nach der Aussage aller Zeugen sehr vortheilhaft. Was man von der Gefahr gesagt hat, welche das nahe im Rücken liegende Holz von Soigne geben sollte, so müßte man den Zustand der Nebenwege untersucht haben, um ein Urtheil fällen zu können. Uns ist es immer sehr unwahrscheinlich vorgekommen, daß in jenen kultivirten Gegenden ein so kleines Holz von schwierigem Zugange sein sollte. War es aber das nicht, so lag offenbar ein Vortheil in der Nähe desselben.

Ein Hauptverdienst in den Maßregeln des Herzogs sind die zahlreichen Reserven, oder mit andern Worten: die für die Stärke des Heeres geringe Ausdehnung der Stellung, welche viel Truppen zur Reserve übrig ließ. Für die Einrichtung und Befestigung der drei vorgeschobenen Punkte hätte etwas mehr geschehen können.

Der Herzog hatte seine Divisionen in der Aufstellung zum Theil ganz auseinander gerissen. Vermuthlich wollte er die Truppen dadurch noch mehr untereinander mischen und nicht zuviel unzuverlässige, namentlich nicht zu viel Belgier bei einander lassen. In der That scheint sich diese Maßregel wirksam gezeigt zu haben, als die Bataillone unter Perponcher dem Stoße wichen. Hätte hier die ganze Division bei einander gestanden, so wäre das Loch vielleicht zu groß geworden.

Gewiß ist das Prinzip, gute und schlechte Truppen recht innig mit einander zu vermischen, besser als das andere, die schlechten beisammen zu lassen, um sie auf weniger wichtigen Punkten zu gebrauchen.

Daß der Herzog an keine offensive Rückwirkung gedacht hat, ist sehr natürlich, da er diese den Preußen überlassen mußte.

Ueber Blüchers Verdienst bei diesem Siege braucht man nicht viel Worte zu machen; es liegt hauptsächlich in dem Entschluß zum Marsch; wir haben davon gesprochen, so wie von der Einfachheit und Zweckmäßigkeit der Ausführung.

Ein besonderes und sehr großes Verdienst aber liegt in der rastlosen Verfolgung die ganze Nacht hindurch. Es läßt sich gar nicht berechnen, in welchem Maße dies zur größeren Auflösung des feindlichen Heeres und zu der Größe und dem Glanze der Trophäen beigetragen hat, die diese Schlacht verherrlichen.

50. Das Gefecht bei Wavre.

Gehen wir von dem Standpunkte aus, auf welchem sich die Angelegenheiten den 17. Mittags befanden, nämlich daß gar nichts Wesentliches zum Verfolgen der Preußen geschehen war, daß man die Richtung ihres Rückzuges nicht eigentlich kannte, sondern denselben auf Gembloux und Namur, also gegen die Maas vermuthete, und daß Grouchy erst Mittags mit dem ganz allgemeinen Befehl von Bonaparte entlassen wurde, den Preußen in den Fersen zu liegen, so können wir uns in der That nicht wundern, wenn dieser Marschall nicht auf den Gedanken kam, vor allen Dingen die Dyle aufzusuchen und diesen Fluß hinunter zu gehen, entweder auf seinem rechten oder, was noch besser gewesen wäre, auf seinem linken Ufer. Höchstens hätte man erwarten können, daß er ein beträchtliches Detaschement, etwa eine Division Infanterie und Kavallerie, auf Mont St. Guibert gesandt hätte, um mit Bonaparte in einer Art von Verbindung zu bleiben. Aber theils waren die Franzosen niemals verschwenderisch mit dem Theilen der Kräfte, sondern hatten mehr das System, alles auf einem Fleck zu haben und nur die allernothwendigsten Entsendungen zu machen, theils war die Aufmerksamkeit immer gegen die Maas gerichtet, und das machte die Dyle gleichgültig. Wir finden es also gar nicht auffallend, daß Grouchy über Gemblour hinter Blücher her zog oder vielmehr her zu ziehen glaubte und sich erst gegen die Dyle wandte, als ihn die preußische Fährte dahin zog.

Aber sobald er erfuhr, Blücher habe sich an die Dyle gewandt, was in der Nacht vom 17. auf den 18. in Gemblour geschah, so mußte ihm gleich der Gedanke in die Seele schießen, das könne nur sein, um sich wieder an Wellington anzuschließen, denn man verläßt seine natürliche Rückzugsstraße nicht umsonst. Von dem Augenblick an mußte er sich für bestimmt halten, nicht Blüchers Arrieregarde in den Fersen zu liegen, sondern sich zwischen ihn und Bonaparte zu setzen, um sich Blücher vorlegen zu können, im Fall er rechts abmarschiren wollte. In diesem Sinne mußte er von Gemblour aus sich auf dem kürzesten Wege an die Dyle wenden, also etwa über Mont St. Guibert, um entweder die preußischen Korps, welche sich in dieser Gegend befinden könnten, zu vertreiben oder, wenn sie noch frei war, selbst eine Stellung auf dem linken Ufer zu nehmen, welche die bei Wavre stehenden Korps im Zaum halten konnte. So erscheint uns das Resultat, welches Grouchy aus seiner Lage durch eine einfache und natürliche Betrachtung ziehen konnte, und diese Betrachtung, nicht das Kanonenfeuer von Belle-Alliance, mußte ihn von seiner Richtung ab an die obere Dyle bringen.

Es ist nämlich von Bonaparte und vielen Anderen dem Marschall Grouchy vorgeworfen worden, daß er nicht auf den

Rath Excelmans und Gérards gehört habe, die ihn auf das furchtbare Kanonenfeuer bei der Hauptarmee aufmerksam gemacht und in ihn gedrungen hätten, seine Bewegung ohne Weiteres dahin zu richten; es ist dabei der in der Geschwindigkeit von Rogniat fabrizirte Grundsatz in Anspruch genommen worden, daß der Befehlshaber einer abgesonderten Kolonne immer seine Richtung dahin zu nehmen habe, wo ein heftiges Feuer die Krisis einer Entscheidung andeute. Aber dieser Grundsatz kann nur für solche Fälle gelten, wo der Befehlshaber einer abgesonderten Kolonne durch die Umstände in eine zweifelhafte Lage gesetzt worden ist, in der die frühere Klarheit und Bestimmtheit seiner Aufgabe sich in die Ungewißheiten und Widersprüche der Erscheinungen verliert, die in der Wirklichkeit des Krieges so häufig sind. Anstatt unthätig stehen zu bleiben oder ohne bestimmten Zweck umherzuirren, wird ein solcher Befehlshaber freilich besser thun, seinem Nachbar zu Hülfe zu eilen, wenn ein heftiges Feuer seine Noth andeutet. Aber vom Marschall Grouchy zu verlangen, daß er sich um Blücher nicht weiter bekümmern, sondern dahin marschiren sollte, wo ein anderer Theil des Heeres mit einem anderen Feinde eine Schlacht liefert, das wäre gegen alle Theorie und Praxis. Daß der General Gérard diesen Rath den 18. Mittags in Sart-lez-Walhain wirklich gegeben hat, beweist nur, daß, wer die Verantwortlichkeit einer Maßregel nicht trägt, es auch nicht so genau mit der Ueberlegung nimmt.

Grouchy seinerseits scheint aber allerdings durch Blüchers Richtung auf Wavre gar nicht auf die Idee geführt worden zu sein, daß dies seine eigene Bestimmung wirklich veränderte, sondern er zog etwas gedankenlos mit seinem ganzen Korps in einer Straße selbst nach Wavre, in der Absicht, seinen Gegner anzugreifen und dadurch festzuhalten. Wäre er eben so stark gewesen wie Blücher, so hätte man das gelten lassen können, aber einen dreimal stärkeren Feind durch einen einfachen Frontalangriff festhalten ist eine unthunliche Sache. Und selbst die Absicht eines solchen Frontalangriffs hätte den Marschall Grouchy dahin führen müssen, seine Kräfte von Gembloux aus zu theilen und mit dem größeren Theile einen Uebergang oberhalb Wavre über die Dyle zu suchen, was ihn auf Limal geführt haben würde. Wie konnte er erwarten, gegen Blücher auf dem Punkte der Hauptstraße mit Gewalt durchzudringen? Wenn er auch nicht wußte, daß die Dyle in der Gegend von Wavre eine vortreffliche Aufstellung gewährt, so konnte er doch aus der Karte ungefähr sehen, daß ein ihm überlegener Feind hier viel Schwierigkeiten in den Weg legen könnte und daß es also auf ein Umgehen hauptsächlich ankommen würde; dieses Umgehen aber war natürlich nur links zu bewerkstelligen, weil er dadurch der Hauptarmee näher kam.

Daß die Angriffe auf Wavre und Bierges nicht mehr Erfolg hatten, glaubt man einem Mangel an Energie zuschreiben zu müssen; indessen ist doch zu bemerken, daß Vandamme und Gérard nicht die Leute waren, welche es daran fehlen ließen, daß außer Gérard ein Paar andere Generale verwundet worden sind und daß Grouchy sich selbst einmal bei Bierges an die Spitze eines Bataillons gesetzt hat. Sind diesen Angriffen Fehler vorzuwerfen, so bestehen sie wohl mehr in Unbeholfenheit als in Mangel an Nachdruck. Sollte Thielemann ernstlich angegriffen werden, so mußten die Franzosen die Dyle an fünf, sechs Orten theils über Brücken, theils durchwatend überschreiten und einen Sturm gegen die Höhen unternehmen. Ohne Schwierigkeit war dies freilich nicht, denn man kann sich kaum eine bessere Fronte denken, als Thielemann hatte.

Am 19. hätte Grouchy dem General Thielemann allerdings mehr abnehmen können, wenn er von der Ueberlegenheit seiner Kavallerie (5000 Mann gegen 2000 Mann) Gebrauch gemacht hätte; aber die zweifelhafte Lage der Sachen lag ihm schon etwas in den Gliedern und lähmte sein Handeln. Endlich müssen wir noch auf die Frage kommen, ob Grouchy, wenn er wirklich bei St. Lambert erschienen wäre, die Niederlage Bonapartes hätte abwenden können. Wir glauben es nicht, sondern sind vielmehr der Meinung, daß er in den Wirrwarr derselben hineingerissen und der Erfolg der Verbündeten dadurch merklich größer geworden wäre, daß dieses Korps nicht so stark und in so guter Ordnung nach Paris kam. Wo sich auch Grouchy am 18. Mittags auf dem linken Ufer der Dyle befand und auf welche Art er seine Kräfte gegen Blücher gebrauchte, er würde höchstens zwei preußische Korps beschäftigt haben und die anderen beiden hätten zur Schlacht von Belle=Alliance marschiren können; damit war aber diese in jedem Fall entschieden, denn wenn wir nur auf das sehen, was wirklich gefochten hat, so sind das gewiß nicht zwei ganze Korps gewesen.

Es ist selbst nicht einmal wahrscheinlich, daß Bonaparte im Stande gewesen sein würde, den 18. am Abend für seine Person zu Grouchys Truppen zu gehen, und es würde höchstwahrscheinlich in Beziehung auf seine Person alles eben so gekommen sein, wie es sich zugetragen hat.

51. Eine zweite Schlacht gegen Blücher.

Eine strategische Hauptfrage aber bleibt uns noch übrig, ob nämlich Bonaparte nicht besser gethan hätte, am 17. Blücher mit der Hauptmacht zu folgen, um ihn entweder durch die bloße Wirkung einer sehr energischen Verfolgung in eine Art von Flucht und Verwirrung zu bringen und so über die Maas zurückzutreiben, oder im Fall Blücher am 17. oder 18. eine zweite Schlacht wagen wollte, ihm in dieser eine eigentliche Niederlage beizubringen.

Gewiß ist es einer der wichtigsten und wirksamsten Grundsätze in der Strategie: einen Erfolg, den man irgendwo erfochten hat, auf der Stelle so weit zu benutzen, als es die Umstände gestatten wollen; denn alle Anstrengungen, die man macht, während der Gegner in dieser Krisis ist, sind von viel größerer Wirkung als ohne eine solche Krisis, und es ist also eine schlechte Oekonomie der Kräfte, wenn wir diesen uns günstigen Zustand vorübergehen lassen. Außerdem ist jedes Verwenden des erhaltenen Uebergewichts auf einem andern Punkte mit Zeitverlust und Marschanstrengungen verbunden, die, wenn die Umstände diese anderweitige Verwendung nicht nothwendig bedingen, als wahre faux frais erscheinen.

Ferner ist es eine Haupt-Ansicht in der Strategie, daß in Fällen großer Entscheidung die Vernichtung der feindlichen Streitkraft die große Hauptsache ist, und daß sie immer mehr als das einzige Agens betrachtet werden muß, je entscheidender der Kampf ist; je mehr dies der Fall ist, um so gleichgültiger wird der Ort, wo diese Vernichtung stattfindet; da wo sie am größten sein kann, da ist sie am wirksamsten. Freilich können hier gewisse Dinge immer noch ein merkliches Gewicht behalten, z. B. der Ruf des Feldherrn und des Heeres, die Nähe der Hauptstadt, Verhältniß zu Bundesgenossen u. s. w. Alle diese und ähnliche Dinge muß man als Nebenbestimmungen individuell würdigen, aber die Theorie hat ein Recht, die Vernichtung der Streitkräfte als die Hauptsache zu betrachten.

Unter diesem Gesichtspunkte nun erscheint es uns auch hier als die Hauptsache, daß Bonaparte von den ihm gegenüberstehenden 215,000 Mann so viel als möglich außer Wirksamkeit setzte, und es ist fast gleichgültig, ob dies gegen Blücher oder gegen Wellington oder gegen Beide geschah. Zwar wollen wir einräumen, daß der moralische Eindruck des Gesammtsieges größer sein mochte, wenn Wellingtons unbefleckter Ruhm und die Tüchtigkeit der englischen Truppen dabei mit zu Grunde gingen, aber dies ist doch nur eine kleine Nüance, die nicht in Betracht kommen kann, wenn eine bedeutend größere Vernichtung der verbündeten Streitkräfte ihr gegenübergestellt wird.

Wir glauben also, daß, wenn Bonaparte im Stande war durch eine zweite Schlacht gegen Blücher sich mehr Wahrscheinlichkeit eines zweiten Sieges und größere Erfolge dieses Sieges zu verschaffen als durch eine Schlacht gegen Wellington, er unbedenklich das Erstere vorziehen mußte, denn er verlor dann nicht, indem er den zweiten Sieg aufsuchte, einen Theil der Früchte, auf die er durch den ersten schon Ansprüche hatte. Das Verfolgen und das Aufsuchen der zweiten Schlacht war eine und dieselbe Handlung. Der erste und zweite Sieg würde in ein großes Ganze zusammengeflossen sein und ein viel größeres Resultat gegeben haben, als zwei einzelne, gegen verschiedene Gegner erfochtene, so wie zwei Flammen, die sich vereinigen, eine viel größere Gluth geben.

Aber war er gewiß, Blücher zu dieser zweiten Schlacht zu zwingen? Eben so gewiß oder vielmehr gewisser, als er es gegen Wellington war; denn eine Armee, die noch nicht aus dem Gleichgewicht ist, kann ohne Nachtheil ausweichen und dadurch Zeit gewinnen; aber eine geschlagene Armee kann das nicht, sie muß, wenn der Verfolgende zu heftig nachdrängt, sich zum Widerstande entschließen oder sie geräth in ein Zurückstürzen, welches mit großen Verlusten und mit dem Untergange ihrer Waffenehre verbunden ist, und dieser moralische Theil des Erfolges darf nicht gering geschätzt werden.

Hiermit wollen wir beweisen, daß, wenn Blücher eine zweite Schlacht hätte vermeiden und gegen die Maas sich zurückziehen wollen, Bonaparte in seiner kräftigen Verfolgung entweder die vollkommene, oder doch einige Entschädigung für diesen verfehlten Sieg gefunden hätte. Hatte er diese gefunden, hatte er Blücher 10 oder 15 Meilen weit ins Land hineingetrieben, dann blieb ihm immer noch übrig, was er am 17. that, sich mit der Hauptmacht gegen Wellington zu wenden.

Was hätte Wellington in dieser Zeit thun können? Wir glauben, er würde sich eher zurück als vor bewegt haben, aber wir wollen das Günstigste annehmen, daß er nämlich dem Marschall Ney eine vollständige Niederlage beigebracht und ihn über die Sambre getrieben hätte, so können wir doch behaupten, daß man gegen 40,000 Mann nicht eben die Vortheile erringen könne wie gegen 115,000; jede Trophäe, die Wellington errang, wurde vielleicht mit einer dreifachen durch Blücher bezahlt. Freilich konnte der Sieg Wellingtons über Ney nicht zweifelhaft sein und der von Bonaparte über Blücher war es vielleicht noch, aber Bonaparte war in der Lage, daß, wenn die Wahl zwischen einer größeren Wahrscheinlichkeit und einer größeren Entscheidung des Erfolgs zu treffen war, er immer zu der letzteren greifen mußte. Feldherren, die den Krieg mit einem gleichgewichtigen Spiele der Kräfte führen, die nicht das Schlimmste zu fürchten haben und nicht das Größte wollen, können sich für den kleineren, aber mehr gesicherten Vortheil entscheiden; Bonaparten hätte eine solche Behutsamkeit in den Abgrund geführt.

Wenn also der zweite unserer Anfangs aufgestellten Grundsätze richtig ist, daß in Fällen einer sehr gewaltsamen Spannung der Interessen und einer großen Entscheidung die Vernichtung der feindlichen Streitkräfte die Hauptsache ist und daß von dieser Hauptsache alle geographischen und geometrischen Verhältnisse überwältigt und ganz fortgeschwemmt, in ihren Wirkungen vernichtet werden: so kann auch alles, was etwa aus der Stellung der Heere in Beziehung auf Basis und die geographischen Punkte der Gegend Vortheilhaftes für die Verbündeten hervorzugehen scheint, nicht in Betracht kommen.

Wirft z. B. Wellington den Marschall Ney über Charleroy zurück, so steht er Bonaparte im Rücken und schneidet seine Verbindungslinien ab; das würde wirksam werden, wenn Bonaparte in dieser Lage bleiben wollte und mußte oder Charleroy Paris wäre; aber was thut es einem Feldherrn in der reichsten Fülle des Sieges, daß er auf acht Tage seine Verbindungen verloren hat? Was hindert Bonaparte über Huy auf Dinant für den Augenblick sich neue einzurichten, um im schlimmsten Falle einen Rückzug zu haben? Und wenn nun Bonaparte umdreht und sich entweder gegen Wellington oder auch gegen Brüssel wendet, so wird jener General unfehlbar spornstreichs dahin zurückkehren. Diese viel größere Empfindlichkeit für die Verbindungslinie auf Seiten Wellingtons lag hier nicht in dem Verhältniß der gegenseitigen Verbindungslinien, nicht in der größeren Basis, die Bonaparte gehabt hätte, sondern in den allgemeinsten Verhältnissen ihrer Lage und zugleich in den allerindividuellsten ihrer persönlichen Stellung. Was Bonaparte in diesem Punkte wagen konnte, weil er sein eigener Herr war, und wagen mußte, weil er nur im höchsten Wagen sich erhalten konnte, das hätte ein abgeordneter, verantwortlicher Feldherr wie Wellington niemals vertreten zu können geglaubt. Das Resultat ist also, daß Bonaparte im unausgesetzten Verfolgen Blüchers einer reichen Siegesernte gewiß sein konnte, die alles aufwog, was er in seinem Rücken unterdeß zu verlieren hatte, daß dann ein einziger Druck gegen Brüssel den Herzog von Wellington wie eine Feder dahin zurückgeschnellt haben würde, was für Bonaparte eine vortreffliche Einleitung zu einer neuen Siegesbahn wurde.

Wir haben hier den Rückzug Blüchers gegen die Maas vorausgesetzt, weil Bonaparte ihn voraussetzte und also seinen Entschluß doch hauptsächlich nur von diesem Standpunkte aus fassen konnte, außerdem aber der Fall doch immer in Betracht gezogen werden mußte. Jetzt kommen wir zu dem Fall, welcher wirklich eingetreten ist, nämlich daß Blücher an die Dyle ging in der Absicht, sich mit Wellington zu vereinigen.

Tritt einmal die Möglichkeit dieser Vereinigung nach der ersten Schlacht in die Reihe der Kombinationen, so war es hier für die Wahrscheinlichkeit so wie für die Größe des Erfolges von Seiten Bonapartes ziemlich gleichgültig, ob diese Vereinigung bei Wavre oder bei Belle-Alliance statthatte, und es drehte sich dann alles nur um die einzelne Frage, ob sie **mehr zu befürchten war**, wenn Bonaparte seine zweite Schlacht auf der Seite von Blücher oder auf der Seite von Wellington suchte; wir glauben unbedingt das Letztere annehmen zu können.

Wenn es Blücher gelungen ist, seine Korps am 17. zu sammeln und am 18. wieder so festen Fuß zu fassen, daß er bei Wavre eine Schlacht hätte annehmen können, so lag das in den Irrthümern, den Fehlern, den Versäumnissen, der Behutsamkeit und den geringen Streitkräften des Verfolgers Grouchy. Wäre Bonaparte mit der Hauptarmee gefolgt, so konnte er seinem Gegner den 18. früh ganz füglich die Schlacht bei Wavre anbieten; es ist sehr die Frage, ob Blücher im Stande gewesen wäre sie um diese Zeit und in dieser Gegend anzunehmen, aber noch viel mehr muß man bezweifeln, daß Wellington zur rechten Zeit hätte herbeieilen können.

Wir wollen uns nicht in Erschöpfung aller Möglichkeiten verlieren, die dabei vorkommen konnten, sondern nur bei dem Umstande stehen bleiben, daß die zweite Schlacht gegen Blücher früher eintreten konnte, als die gegen Wellington, weil kein Abspringen von der einen Linie auf die andere dabei vorkam, und daß Wellington in der Ungewißheit, was aus Blücher geworden sei und ferner werden werde, viel weniger einen Entschluß zu seinem Besten fassen konnte, als umgekehrt Blücher zum Besten Wellingtons. Blücher kannte seine eigene Lage genau und wußte, daß Wellington intakt war, Dieser aber kannte nur seine eigene Lage und nicht die von Blücher. Bonaparte ließ Blücher zu früh los in der Art von Geringschätzung und Uebermuth, die ihm oft eigen gewesen ist; auch war der Gedanke, Brüssel schnell zu bekommen, ihm zu anziehend. Er hat denselben Fehler im Jahre 1813 nach der Schlacht von Dresden und im Jahre 1814 nach den Gefechten an der Marne gemacht. Dort hätte er der großen Armee bis über Prag hinaus, hier Blüchern bis an den Rhein ganz rücksichtslos folgen sollen; es ist fast nicht zu bezweifeln, daß er in beiden Fällen die ganze Wucht der Ereignisse in diesem Schwunge mitfortgerissen und einen gänzlichen Umschwung der Verhältnisse herbeigeführt hätte.

In allen drei Fällen hat Bonaparte, der gewohnt war, den Besiegten lange vor sich her fliehen oder, wie Beaulieu nach der Schlacht von Montenotte, unschlüssig zaudern zu sehen, nicht an ein so frühes Standhalten und Umdrehen des Geschlagenen geglaubt. Dies lag in der ihm eigenthümlichen Geringschätzung seines Gegners.

Dies Letztere ist mehr ein Irrthum als ein Fehler. Aber wir behaupten, daß in allen drei Fällen das Wechseln der Richtung der totalen Wirkung geschadet hat und daß die Motive, welche dieses Wechseln veranlaßt haben, nicht stark genug waren, um von dem allgemeinen Grundsatze unserer Theorie abzuweichen; insofern müssen wir es also als einen wirklichen Fehler betrachten.

Aber wenn wir jetzt im Ueberblick der ganzen Reihe von Ereignissen deutlich einzusehen glauben, daß sich hier ein Fehler in Bonapartes Handeln findet, eine Abweichung von dem Gesetze, nach welchem die Linie seiner Kometenbahn sich bestimmte, so meinen wir nicht, daß es leicht gewesen sei, diesen Fehler zu vermeiden. Der Entschluß, nicht auf Blücher an der Elbe, nicht auf Schwarzenburg an der Seine, nicht auf Wellington an der Sambre zu achten, wäre für einen General in gewöhnlichen Verhältnissen und für eine gemeine Willenskraft ein riesenhafter gewesen. Aber dieses Riesenhafte liegt nicht in dem Gesetze der Theorie, sondern in der Aufgabe, in dem Standpunkte Bonapartes und in seinem Ziele. Die Strategie ist der Perspektive darin ähnlich, daß der Standpunkt und der Augenpunkt die Lage aller Linien bestimmen; wenn da Einzelnes riesenhaft groß zu werden scheint, so ist es der Fall entweder, weil das Auge des Zeichners sich noch nicht daran gewöhnt hat, oder weil die Natur der Dinge überschritten und eine an das Unmögliche grenzende Aufgabe gewählt ist.

52. Folgen der Schlacht.

Die Franzosen berechnen ihren Verlust in der Schlacht von Belle-Alliance inclusive 6000 Gefangener auf 25,000 Mann und den Verlust aller 5 Tage auf 41,000 Mann. Wenn man darunter blos Todte, Verwundete und auf dem Schlachtfelde gemachte Gefangene versteht, so mag diese Angabe nicht zu gering sein; aber man würde einen großen Irrthum begehen, wollte man glauben, daß nun noch von den 115,000 Mann, welche nach ihrer Angabe in die Schlachten gerückt waren, 74,000 Mann übrig gewesen seien. Die Größe eines Sieges an sich d. h. die zerstörenden Wirkungen, welche er im feindlichen Heere hervorbringt, kann natürlich zahllose Abstufungen haben, aber unter diesen macht sich eine als eine Hauptgrenze bemerklich: es ist die, wenn die geschlagene Armee keine Arrieregarde mehr zu bilden im Stande ist, die das Nachbringen des Siegers ermäßigt und regelt. Dann ist der Rückzug eine wahre Flucht, das Ganze in Auflösung und die Armee für den Augenblick als vernichtet zu betrachten. Fürst Hohenlohe bei Jena und Bonaparte bei Belle-Alliance sind Beispiele davon. Solche Erfolge müssen immer entstehen, wenn Derjenige, gegen welchen sich der Erfolg in der Schlacht schon zu sehr geneigt hat, die Wendung noch durch die letzten Aufopferungen erzwingen will und also die Reserve daran giebt, welche seine Arrieregarde bilden könnte. Das hatte Bonaparte mit den letzten 8 Bataillonen Garde gethan. Wie viel sich aus einer solchen gänzlichen Auflösung einer Armee hernach wieder zusammenfinden kann, ist natürlich nach den Verhältnissen sehr verschieden; Tageszeit, in der die Schlacht endigt, Gegend und Boden, in der sie gefochten worden ist, der moralische Zustand des Heeres, der politische des Volks und der Regierung: das sind alles Dinge, die hier Einfluß haben. Die Mémoires de St. Hélène behaupten, es seien bei Laon wieder 25,000 Mann von der geschlagenen Armee beisammen gewesen. Unmöglich wäre es nicht; aber zwischen der Möglichkeit und faktischen Wahrheit ist ein großer Unterschied.

Die Schlacht endigte mit Einbruch der Nacht; die Folge war, daß von der einen Seite die Verwirrung und Auflösung viel größer wurden; vielleicht wäre es Bonaparte wirklich gelungen eine Arrieregarde von 10- oder 15,000 Mann zusammenzubringen und also statt der Flucht eine Art von Rückzug zu machen, wenn nicht die Dunkelheit eine jede persönliche Einwirkung unmöglich gemacht hätte. Aber von der anderen Seite ist auch gewiß, daß die Nacht die Flucht der Einzelnen sehr begünstigte und daß ein Paar Stunden länger Tag die Zahl der am 18. gemachten Gefangenen ungemein erhöht haben würde. Unter dem Schutze der Nacht konnte sich alles retten, was noch Beine hatte. Es ist notorisch (Mémoires de Chabulon), daß Bonaparte den 19. Morgens zwischen 4 und 5

Uhr Charleroy paſſirte und ſich dort vergeblich bemühte, die fliehenden Truppen anzuhalten und in Ordnung zu bringen, deshalb auch gleich ſelbſt nach Philippeville ſeine Flucht fortſetzte. Charleroy iſt vom Schlachtfelde etwa 3¼ Meile; was um dieſe Zeit ſchon in Charleroy war, mußte alſo in einem Laufen geblieben ſein.

Bei Philippeville kamen ſchon am 19. Fliehende an, die eben ſo wenig zum Widerſtande geeignet waren. Bonaparte eilte alſo noch an dieſem Tage nach Laon. Ja, was höchſt bezeichnend iſt: in Laon, höchſt wahrſcheinlich am 21. des Morgens, alſo etwa 60 Stunden nach Beendigung der Schlacht und 20 Meilen vom Schlachtfelde wird Bonaparte die Annäherung eines beträchtlichen Korps gemeldet. Er ſendet einen Adjutanten, um zu erfahren, was es ſei, und es iſt ſein Bruder Jerome mit den Generalen Soult, Morand, Colbert, Petit und Pelet de Morvan, die mit etwa 3000 Mann Infanterie und Kavallerie ankommen, die ſie geſammelt haben. Wie viel Achtung man auch vor der franzöſiſchen Armee haben mag, dies kann man nicht anders als die vollkommenſte Flucht nennen, eine Flucht, die ihres Gleichen ſucht.

Jerome aber iſt gerade Derjenige, welcher von Bonaparte zur Sammlung des Heeres bei Avesnes beſtimmt worden war, und von welchem er in den Memoiren ſagt, er habe ſchon am 21. bei dieſem Orte 25,000 Mann beiſammen gehabt.

Auch 50 Kanonen läßt Bonaparte noch mit Jerome zurückkommen; es iſt aber bekannt, daß man die ganzen 240 Geſchütze, aus denen die Artillerie des franzöſiſchen Heeres beſtand, auf dem Schlachtfelde und dem Rückzugswege genommen hat.

Als die preußiſchen Korps in der Folge von der Oiſe wieder gegen die Straße von Soiſſons nach Paris vorrückten, ſtießen ſie am 28. auf Grouchy, Tages vorher aber auf einige ſchwache Trümmer der geſchlagenen Armee, die wie ein Schatten an ihnen vorüberſchwebten. Es war alſo gewiß weder in Laon, noch in Soiſſons ein Korps von 25,000 Mann beiſammen, und was da war, hat sich nicht mit Grouchy vereinigt, sondern ist vor ihm her nach Paris geflohen. Grouchy selbst spricht in seinen Rapporten an die Regierungskommission täglich de l'abattement et de la défection de l'armée. (Mémoires de Chabulon 2me tome p. 328.)

Auch die Stärke der Pariser Armee beweist dies. Sie betrug ohne Nationalgarden 60,000 Mann, davon waren 19,000 Mann Depots, also konnten nur 40,000 Mann der Hauptarmee angehören und von diesen werden etwa 25,000 auf Grouchy kommen; die übrigen 15,000 mögen denn das Residuum der bei Belle-Alliance geschlagenen Armee ausmachen. Es ist also klar, daß diese Armee vom Schlachtfelde bis Paris aus der Reihe der Erscheinungen verschwunden war.

Ein solcher Sieg ist in der Strategie als eine eigene Klasse von Größen zu betrachten, die nur aus besonderen Verhältnissen hervorgehen und zu Resultaten größerer Art führen.

Was zuerst die Ursachen betrifft, aus denen er hervorgegangen ist, so sind die hauptsächlichsten wohl folgende:

1. Die große Anstrengung, mit welcher die französische Armee schon gefochten hatte, als der Sieg entschieden wurde. Je größer die Erschöpfung der Kräfte vorher schon war, ehe der eigentliche Entscheidungsstoß in einer Schlacht erfolgt, um so wirksamer und folgenreicher wird dieser. Hier war, wie wir schon gesagt haben, die Erschöpfung der Kräfte von Seiten der Franzosen auf das Aeußerste getrieben, ja man kann wohl sagen übertrieben, insofern Bonaparte seine letzte Reserve, seine eigentliche Arrieregarde daran gab und vorher schon die ganze Reiterei auf eine rücksichtslose Art in das zerstörende Element des Feuergefechts hineingeworfen hatte. Die Anwendung der letzten Reserve kann verzeihlich oder vielmehr natürlich werden in einer Schlacht, die sich bis auf den letzten Augenblick fast im Gleichgewicht erhält, aber nicht da, wo sich die Wage schon zu sehr zum Vortheil des Gegners geneigt hat. Man kann dies als eine gemeine Tollbreistigkeit,

also als einen Mangel an wahrer Feldherrnweisheit ansehen.
2. Die einbrechende Nacht, welche es unmöglich machte, der einbrechenden Verwirrung zu steuern.
3. Die umfassende Form des preußischen Angriffs.
4. Die große Ueberlegenheit der Verbündeten.
5. Die große Energie im Verfolgen.
6. Endlich der Einfluß aller politischen Elemente, welche mehr oder weniger jeden Krieg durchdringen, in diesem aber natürlich stärker vorwalteten und die hier sich in hohem Grade nachtheilig zeigten.

Je weniger die Zurichtungen zu einer großen Entscheidung eine ausgedehnte, in dem ganzen natürlichen Zustande und den gewohnten Interessen des Volks enthaltene Grundlage haben, je mehr sie künstlich hinaufgeschraubt, je mehr sie auf Glück gebaut, im Geiste kühnen Wagens unternommen sind, um so zerstörender wird der Schlag, welcher in einer unglücklichen Entscheidung alle diese Spannungen löst.

Alle diese Dinge haben in dem vorliegenden Falle zur Größe des Erfolges mitgewirkt, und nur wo mehrere dieser Verhältnisse zu unsern Gunsten vorhanden sind, ist man berechtigt sich sein Ziel so hoch zu stecken.

Was aber die Folgen dieser Vernichtung eines ganzen Heeres betrifft, so hängen sie im Allgemeinen noch viel mehr mit politischen Größen zusammen, mit dem Zustande von Volk und Regierung, mit den Verhältnissen zu andern Völkern u. s. w., so wie denn überhaupt die in der Strategie vorkommenden Kräfte und Wirkungen, Mittel und Zwecke immer tiefer in die Politik hineingreifen, je großartiger und umfassender sie werden, denn der Krieg kann nie als ein selbständiges Ding angesehen werden, sondern nur als eine Modifikation des politischen Verkehrs, als ein Durchführen politischer Pläne und Interessen durch das Gebiet des Kampfes.

Daß ein solcher Sieg in dem vorliegenden Falle unmittelbar nach Paris führen, daß er unmittelbar den Frieden geben werde, war keinem Zweifel unterworfen. Bis Paris hin war an keinen Widerstand zu denken, weil keine feindliche Streitkraft von angemessener Größe aufgestellt werden konnte; selbst in Paris war ein Widerstand auf das Allerhöchste unwahrscheinlich, denn die Vertheidigung eines so großen Ortes hat immer, wenn sie auch keineswegs unmöglich ist, doch große Schwierigkeiten, die günstigere Bedingungen erfordern, als hier vorhanden waren. Hätte nun auch, was sich in Paris an Streitkräften vorfinden konnte, hingereicht diesen Ort gegen Blücher und Wellington einen Augenblick zu sichern, so stand doch indessen allen übrigen verbündeten Heeren das nirgends hinreichend vertheidigte Land offen und diese Heere erschienen in wenig Wochen vor der Hauptstadt, indem sie zugleich das halbe Frankreich erobert hinter sich ließen. Wie konnte ein durch politische Parteiung gespaltenes Volk unter solchen Umständen noch Widerstand leisten, und mußte nicht diese Unmöglichkeit in Paris selbst den ersten Stoß der inneren Reaction herbeiführen?

Alles was Bonaparte und seine Wortführer gesagt haben von den großen Kräften, die noch vorhanden waren, von der Möglichkeit, ja von der Leichtigkeit eines ferneren Widerstandes, ist bloßer Wortschaum. Indem sie den Verlust von 40,000 Mann schon in ein reines Zahlenverhältniß zu den vorbereiteten Streitkräften setzen, wollen sie fühlen lassen, welch einen unbedeutenden Theil er davon ausmacht, sie haben aber allerdings nicht den Muth, auf diesen lächerlichen Grund sich laut zu berufen. Es sind nicht 40,000 Mann, welche auf den Feldern von Ligny und Belle-Alliance Frankreich verloren gegangen sind, sondern es ist ein Heer von 80,000 vernichtet, und dieses Heer war der Schlußstein des ganzen Vertheidigungsbaues, auf den sich alles stützte, in dem jede Sicherheit lag, jede Hoffnung wurzelte; das Heer ist vernichtet und der Feldherr, der es führte, an dessen Wunderthätigkeit das halbe Frankreich mit einem an Aberglauben gränzenden Enthusiasmus hing, der große Magier ist ertappt, wie er selbst es von Blücher bei Ligny sagte, en flagrant délit. Er stürzt also mit dem Gebäude der Kriegsmacht, die Frankreichs Grenzen schützen soll, auch zugleich das Vertrauen zusammen zu der Intelligenz, die alles leitet.

Darum hat nie ein Sieg eine größere moralische Gewalt gehabt als dieser, und was sich in Folge dieser Gewalt zugetragen hat: die plötzliche Ueberwältigung der großen Partei, die sich gegen die Bourbons gebildet hatte, die Absetzung des von halb Frankreich immer noch angebeteten Bonaparte, ist so wenig auffallend oder zufälligen Einwirkungen einzelner Menschen zuzuschreiben, daß es für ein halbes Wunder gelten müßte, wenn die Sachen anders gekommen wären.

Und diese ganze Größe des Sieges konnten die beiden verbündeten Feldherren schon am Tage nach der Schlacht deutlich übersehen, denn eine Siegestrophäe, die aus 240 Geschützen, deren ganzem Park und dem ganzen Feldgeräth des obersten Feldherrn zusammengebaut ist, läßt nichts zu wünschen übrig und ist das untrügliche Zeichen eines zu Grunde gerichteten, ganz aus dem Felde vertriebenen Heeres.

53. Marsch auf Paris. Erstes Verfolgen.

Die verbündeten Feldherren sahen also deutlich ein, daß sie bis Paris keinen Widerstand finden werden, daß, wenn wirklich bei Paris der Feind mit ihnen wieder in eine Art von Gleichgewicht treten könnte, das Herbeieilen der übrigen Heere doch in jedem Fall einen wirklichen Rückschlag verhindern werde; der Marsch auf Paris war also erlaubt, und alles, was in der Strategie erlaubt ist, ist geboten. Nur dieser Marsch war eine Benutzung des glänzenden Sieges, die seiner selbst, der beiden Feldherren und des Ruhmes der Waffen würdig war; jedes geringere Unternehmen würde die Siegessphäre unausgefüllt gelassen haben, die sich aufthat, würde eine wahre Verschwendung der Kräfte gewesen sein, indem man die Früchte, für welche bei Ligny und Belle-Alliance der Preis erlegt worden war, nicht geerntet hätte.

Indem man so schnell als möglich nach Paris zog, setzte

man die Verfolgung des geschlagenen Feindes bis unter die Mauern der Hauptstadt fort, machte neue Gefangene, durfte hoffen einzelne Korps von diesem Centralpunkte der feindlichen Macht abzudrängen, alle Anstalten zum Widerstande bis dahin zu vereiteln, in Paris selbst Schrecken, Verwirrung und Uneinigkeit hervorzubringen. Wenn man keine namhafte Zahl neuer Gefangenen mehr eingebracht hat, wenn keine Korps abgedrängt worden sind, wenn die Katastrophe von Bonapartes Sturz eingetreten ist, ehe man in Paris den Zug der Verbündeten gegen die Hauptstadt kannte: so bleiben für den Standpunkt, auf dem sich Blücher und Wellington befanden, jene Ansichten nicht weniger wahr, denn man kann im Kriege nie genau vorher wissen, wie die Wirkungen zutreffen werden. Aber der schnelle Zug nach Paris hat nichtsdestoweniger die Beendigung des großen Aktes beschleunigt, indem er der republikanischen Partei, welche sich wieder zu regen anfing, Zeit und Kräfte genommen hat, auch nur einen Versuch zu einer neuen Gestaltung zu machen.

Wenn wir diesen Zug nach Paris hier so genau motiviren, so geschieht es nicht, weil er einer Rechtfertigung bedürfte, — davon kann gar nicht die Rede sein, weil er ohne Gefahr war und unter dieser Bedingung schon die Ehre der Waffen allein ihn vollkommen motivirt hätte, — sondern wir haben dabei verweilt, um darauf aufmerksam zu machen, wie in der Kriegführung alle Folgen, die eine Begebenheit wahrscheinlicherweise haben wird, durchdacht und in den Kalkül gezogen werden müssen, und daß auf diese Weise der unverweilte Zug nach Paris vor der Kritik als ein ganz nothwendiger Bestandtheil dieses Feldzuges erscheint.

Auf dem Schlachtfelde selbst einigten sich die beiden verbündeten Feldherren dahin, daß die preußische Armee die weitere Verfolgung übernehmen sollte, weil sie weniger durch die Schlacht angestrengt und geschwächt, auch durch die Natur ihres Angriffs am weitesten vor war; ferner daß die preußische Armee den Weg über Charleroy gegen Avesnes, also auf Laon, die verbündete den über Nivelles und Binche gegen Peronne einschlagen sollte.

Die englische Armee blieb also auf dem Schlachtfelde, die preußische aber größtentheils im Marsch. Das vierte Korps war das vorderste. Der Generallieutenant von Gneisenau setzte sich an die Spitze der vordersten Truppen desselben und ermunterte die ganze Nacht hindurch zum Verfolgen. Er ließ dabei unaufhörlich die Trommel rühren, um durch dieses Zeichen der Annäherung den fliehenden Feind nach allen Seiten hin zu allarmiren, aus seinen Lagerplätzen aufzuschrecken, in ununterbrochener Flucht zu erhalten.

Bonaparte hatte das Schlachtfeld in geringer Begleitung verlassen. Er hatte zuerst den Gedanken, bei Quatrebras zu bleiben und die Division Girard dahin an sich zu ziehen; das sollte also die erste Rückzugsstation, der erste Sammelpunkt sein; aber die Division Girard war nicht zu finden, der aufschreckende Trommelschlag der Preußen trieb alles ruhelos weiter nach der Sambre.

Mit Tagesanbruch erreichte die Masse der Flüchtigen diesen Fluß bei Charleroy, Marchiennes und Chatelet; aber auch da war keine Rast möglich. Die preußische Avantgarde, bis Gosselies vorgedrungen, sandte ihre Kavallerie an die Sambre, die fliehende Armee zog weiter auf Beaumont und Philippeville.

Höchst wahrscheinlich verdankt man dieser Energie des ersten Verfolgens einen sehr großen Theil des Erfolges. Die Flucht, die Unordnung, die Muthlosigkeit und so die Zerstreuung des Heeres wurde dadurch gesteigert. Der größte Theil der eroberten Geschütze ist bekanntlich auf dem Rückzugswege gefunden worden, weil sich in der Eile und Verwirrung der Flucht an den Defileen, z. B. in Genappe, beim Uebergang über die Dyle alles stopfte und in einander verwirrte, so daß die Artilleristen, überzeugt von der Unmöglichkeit, ihr Geschütz zu retten, nur eiligst die Pferde lossträngten, um mit diesen davon zu kommen. Auch die glänzende und reiche Trophäe der kaiserlichen Wagen, die Bonaparte so ungern eingestehen wollte, verdankt man wohl nur dieser glücklichen Idee des Verfolgens. Wir nennen sie so, nicht als ob das Verfolgen nach einer gewonnenen Schlacht nicht an sich etwas Natürliches und durch alle Verhältnisse Gebotenes sei, sondern weil gewöhnlich dabei tausend Schwierigkeiten und Reibungen der Maschine vorkommen, in welchen der beste Entschluß stecken bleibt, und in dem vorliegenden Falle die ungeheuren Anstrengungen der preußischen Truppen, welche diesem Siege vorhergegangen waren, die Ausführung des Gedankens so sehr erschwerten, daß am Ende das, womit der General Gneisenau unermüdlich nachrückte, wirklich nicht viel mehr als ein Füsilierbataillon mit seinem unermüdlichen Tambour war, den der General auf einen Bonapartischen Carossier hatte setzen lassen.

Es ist dies ein auffallender Beweis und, man kann wohl sagen, ein recht lebendiges Bild von dem ungeheuren Unterschiede, welchen im Kriege ein und dieselbe Kraftanstrengung in ihren Wirkungen zeigt.

Ein Heer, wie das französische, durch eine mehr als zwanzigjährige Folge von Siegen veredelt, welches in seiner ursprünglichen Ordnung das dichte Gefüge, die Unzerstörbarkeit, man möchte sagen: auch den Glanz eines Edelsteines zeigt; dessen Muth und Ordnung in der zerstörendsten Gluth der Schlacht durch die bloße Gefahr sich nicht löst, sich nicht verflüchtigen läßt — ein solches Heer flieht, wenn die edlen Kräfte gebrochen sind, welche ihm sein krystallinisches Gefüge gegeben haben, das Vertrauen zu seinem Heerführer, das Vertrauen zu sich selbst und die heilige Ordnung des Dienstes, — ein solches Heer flieht in athemlosem Schrecken vor dem Schall einer Trommel, vor den fast an Scherz streifenden Drohungen seines Gegners.

Es ist eine große Sache, in der Kriegführung die unzähligen Abstufungen, welche zwischen diesen Gegensätzen liegen, richtig zu würdigen; es gehört dazu ein eigener Takt des Urtheils, der angeboren sein kann, der aber auch durch Erfahrung d. h. durch Uebung mehr als irgend eine andere Eigenschaft des Feldherrn sich ausbilden läßt. Nur in dem Maße, wie man von diesem Takt geleitet wird, wird man im Kriege, und zwar in den größten wie in den kleinsten Verhältnissen, bei der Führung eines Feldzuges wie bei der einer Patrouille, jedesmal das rechte Maß der Anstrengung treffen, daß auf der einen Seite keine Versäumniß, auf der anderen keine Kraftverschwendung entsteht.

Kehren wir jetzt auf das Schlachtfeld zurück, um die Verhältnisse der gegenseitigen Streitkräfte klarer zu übersehen.

Die Disposition des Fürsten Blücher am Abend des 18. war:

„das vierte Korps folgt dem Feinde, so daß er sich nicht wieder setzen und formiren kann;

das zweite Korps schneidet den Marschall Grouchy ab;

das erste Korps folgt dem vierten zum Soutien."

Hätte der Fürst Blücher am 18. Abends Grouchys Stärke gekannt, so könnte man ihm mit Recht vorwerfen, daß er nicht dem ersten Korps gleichfalls die Bestimmung des zweiten gegeben hat. Denn da Grouchy einige 30,000 Mann stark war und da in der Disposition wirklich vom Abschneiden die Rede ist, so kann man einwenden, daß 20,000 Mann (so stark wird das zweite Korps etwa noch gewesen sein, wenn es alles beisammen hatte) nicht hinreichend dazu waren. Zwar hatte Thielemann auch etwa 20,000 Mann, allein es war sehr ungewiß, ob Dieser gleich bei der Hand sein werde in dem Augenblick, wo der zurückeilende Grouchy das zweite Korps anfiele. Aber Blücher glaubte in dem Augenblick Grouchy etwa nur 12= bis 15,000 Mann stark, weil die letzten Meldungen des Generals Thielemann nicht mehr vermuthen ließen. Für ein solches Korps wäre das zweite preußische Korps stark genug gewesen. Uebrigens dachte sich der Fürst auch nicht gerade, daß man dieses ganze feindliche Korps gefangen nehmen werde, sondern er meinte wohl nur, daß General Pirch ihm in den Rücken gehen und vielleicht den einen oder andern Theil abschneiden solle, denn es war natürlich vorauszusetzen, daß Grouchy seinen Rückzug in der Nacht antreten und also doch schon zu weit voraus sein werde, um sich ihm noch auf dem Wege nach Namur gerade vor zu legen.

Wenn man indessen bedenkt, daß bei dem Ausgange, welchen die Schlacht von Belle-Alliance genommen hatte, Grouchy doch nothwendig zurück mußte, daß er an der Maas nur den Uebergangspunkt von Namur hatte und doch gewiß keine Pontons in der Nähe, um anderswo eine Brücke zu schlagen, daß, wenn man ihm diesen Punkt nahm, er an der Sambre durchbrechen mußte, wo man leicht Truppen genug haben konnte, ihn aufzuhalten, daß 12- bis 15,000 Mann gefangen zu nehmen doch eine sehr wichtige Sache war: so kann man sich doch nicht enthalten dem Fürsten es als einen Fehler anzurechnen, daß er nicht das zweite Korps auf der graden Straße nach Namur zurückmarschiren ließ. Konnte dasselbe irgendwo dem Marschall Grouchy zuvorkommen, so mußte es natürlich immer auf dem entferntesten Punkte am leichtesten sein. Es war dabei nichts zu befürchten, als daß es zu weit griff und der Feind, von dem Verluste Namurs benachrichtigt, sich gegen die Sambre wenden könne; in diesem Fall konnte man aber dort zum Widerstande bereit sein. Alle diese Dinge hat man im Tumult einer ausgehenden Schlacht, in den hundert Ansprüchen des Augenblicks nicht so klar und sorgfältig abwägend überdacht, wie uns das jetzt so leicht ist und ist deshalb zu einer halben Maßregel gekommen.

In Folge der oben angeführten Disposition waren nun die preußischen Korps in der Nacht vom 18. auf den 19.:

das erste Korps nördlich von Genappe;

das zweite Korps auf dem Marsche von Planchenoit über Glabais, la Hutte nach Mellery;

das dritte bei Wavre;

das vierte Korps zwischen Genappe und Gosselies, die Avantgarde bei diesem Orte.

Die Armee Wellingtons war auf dem Schlachtfelde geblieben.

Das Hauptquartier Blüchers war in Genappe.
Das Hauptquartier Wellingtons in Mont St. Jean.
Die französische Armee war auf der Flucht und ging bei Charleroy, Chatelet und Marchiennes über die Sambre, theils auf der Straße nach Beaumont, theils nach Philippeville.

Bonaparte auf der Flucht über Charleroy nach Philippeville. Grouchy bei Wavre.

Am 19. und für den 19. war die Disposition des Fürsten Blücher folgende:

„Das erste Armeekorps rückt heute nach Charleroy und poussirt seine Avantgarde nach Marchienne au pont.

Das zweite Armeekorps marschirt nach Anderlues; es poussirt seine Avantgarde nach der Sambre und giebt ihr auf, dieselbe auf den beiden Brücken von Thuin und Lobbes zu passiren. Sollte der Feind die Sambre heute halten wollen, so müssen die Schleusen derselben geöffnet werden, damit das Wasser ablaufe, wo der Fluß dann an mehreren Orten durch Furten zu passiren ist. Sollten die Brücken bei Lobbes und Thuin zerstört sein, so müssen sie sofort hergestellt werden.

Das vierte Korps rückt heute nach Fontaine l'Evêque. Dieses Korps setzt sich sofort mit Mons in Verbindung u. s. w."

Man sieht aus dieser Disposition, daß der Fürst vom zweiten Korps nur die Meldung hatte, daß es sich bei Mellery befinde, aber nichts vom Feinde gehört habe, und daß er folglich den Gedanken, Grouchy durch dasselbe abzuschneiden, ganz aufgab, da er es nach einer ganz anderen Seite hin disponirte. Vom dritten Korps konnte er keine Meldung haben, da der Feind sich grade zwischen ihnen befand.

Also am 19., dem Tage, wo die eigentlichen Anstalten zum Abschneiden Grouchys grade hätten getroffen werden müssen, glaubte Blücher Diesen schon entkommen und war um so mehr darauf bedacht, seinen Weg über Avesnes fortzusetzen.

Am 19. Abends war der Stand der gegenseitigen Heere:

das erste Korps bei Charleroy, hatte einen Marsch von 3½ Meilen gemacht;

das zweite Korps bei Mellery, wo es gegen Mittag angekommen war;

das dritte Korps bei St. Achtenrode;

das vierte Korps bei Fontaine l'Evêque, hatte gleichfalls einen Marsch von 3½ Meilen gemacht;

Die fünfte Brigade vom zweiten, welche sich nicht beim Korps befand, bei Anderlues, unweit Fontaine l'Evêque;

die englische Armee in der Gegend von Nivelles;

das Hauptquartier Blüchers in Gosselies;

das Hauptquartier Wellingtons in Nivelles;

die französische Hauptarmee in der Gegend von Beaumont und Philippeville, zum Theil schon gegen Avesnes.

Bonaparte kommt Morgens um 10 Uhr in Philippeville an und geht Nachmittags um 2 Uhr von da nach Laon ab.

Grouchy setzt sich von Wavre gegen Namur in Marsch.

Am Abend des 20.:

das erste Korps bei Beaumont nach einem Marsche von 4 Meilen;

das vierte Korps bei Colleret unweit Maubeuge nach einem Marsche von 3½ Meilen;

die fünfte Brigade schließt Maubeuge ein;

das zweite Korps bei Namur;

das dritte Korps bei Gembloux und Namur;

die verbündete Armee in der Gegend von Binche;

das Hauptquartier des Fürsten Blücher in Merbes le Chateau;

das Hauptquartier Wellingtons in Binche;

die französische Hauptarmee theils bei Avesnes, theils weiter rückwärts;

Bonaparte in Laon;

Grouchy in Dinant.

Am Abend des 21.:

das erste Korps schloß Avesnes ein und bombardirte dasselbe;

das vierte Korps zwischen Avesnes und Landrecies, schließt den letzteren Ort ein;

das zweite Korps bei Thuin;

das dritte Korps bei Charleroy;

die verbündete Armee zwischen Mons und Valenciennes;

das Hauptquartier Blüchers in Nogelle sur Sambre;

das Hauptquartier Wellingtons in Malplaquet;

die geschlagene Armee fängt an sich bei Laon und Marle zu sammeln;

Bonaparte kommt in Paris an, wo er schon am folgenden Tage zur Abdankung genöthigt wird;

Grouchy in Philippeville.

General Zieten hatte den 21. vor Avesnes eine Batterie von 6 zehnpfündigen, 4 siebenpfündigen Haubitzen und 8 zwölfpfündigen Kanonen auf 600 Schritt auffahren lassen und damit die Beschießung angefangen.

Die Besatzung der Festung bestand aus 1700 Mann Nationalgarde und 200 Veteranen. Das Feuer wollte Anfangs nicht fruchten, als es aber in der Nacht wieder angefangen wurde, fiel beim vierzehnten Wurf eine zehnpfündige Granate in das Hauptpulvermagazin der Festung, sprengte es in die Luft und legte einen großen Theil der Stadt in Trümmer, worauf denn die Besatzung am 22. sich ergab.

54. Marsch auf Paris. Kritische Betrachtung.

Wir sind in den ersten drei Tagen nach der Schlacht den Bewegungen etwas genauer gefolgt, um den eigentlichen Ausgang dieser Katastrophe klarer zu machen. Nach diesen drei Tagen hörten die unmittelbaren Folgen des Sieges auf. Die geschlagene Hauptarmee hatte den nöthigen Vorsprung gewonnen, Grouchy war dem Abschneiden glücklich entgangen und hatte seinen ferneren Rückzug auf der Straße nach Reims eingeleitet. Jetzt wollen wir blos die allgemeinen Verhältnisse ins Auge fassen und uns also auch begnügen, nur die großen Linien des Marsches anzugeben.

Die verbündeten Feldherren wußten, daß der Feind Laon zu seinem Hauptrückzugspunkte und Sammelplatze gemacht hatte. Nun war, was der Feind dort aufstellen konnte, zwar nicht geeignet einen bedeutenden Widerstand zu leisten, oder gar eine zweite Entscheidung nöthig zu machen, indessen konnte es immer den Marsch der Verbündeten durch Arrieregardengefechte aufhalten und sie zu Umgehungen zwingen. Die verbündeten Feldherren beschlossen daher ihren Weg gar nicht auf Laon, sondern auf dem rechten Ufer der Oise zu nehmen, um diesen Fluß zwischen Soissons und Paris, etwa bei Compiegne und Pont St. Maxence, zu passiren. Sie hofften dadurch folgende Vortheile zu erreichen:

1) die feindlichen Korps, da sie nicht gedrängt wurden, zu einem längeren Verweilen zu veranlassen und ihnen also vielleicht gegen Paris den Vorsprung abzugewinnen.

2) ungehindert, ohne einen großen Aufwand an taktischen Vorsichtsmaßregeln, und also schneller marschiren zu können;

3) in einer von der flüchtigen Armee nicht durchzogenen, also frischeren, überhaupt auch an sich etwas besseren Gegend zu marschiren, um ihren eigenen Truppen den Zug zu erleichtern, eine sehr wichtige Rücksicht, weil die bisherigen Anstrengungen außerordentlich gewesen waren und man bei Paris doch nicht allzu schwach ankommen durfte.

Da der Umweg, welchen die nächste Kolonne der Verbündeten bei diesem Plane zu machen hatte, ungefähr nur einen Marsch betrug, nämlich das Stück Weges, welches sie zurücklegen mußte, um wieder in die Straße von Soissons auf Paris zu kommen, und es nicht zu bezweifeln war, daß man diesen Umweg durch den ungestörten Zug leicht wieder einbringen werde: so ist dieser Plan, welcher sich so natürlich darbot, gewiß nicht ganz zu mißbilligen. Wenn man aber die Sache genau überlegt, so ergeben sich dabei folgende Betrachtungen:

1. ist es vielleicht ein Irrthum, daß ein ganz unverfolgter Feind sich langsamer zurückziehen werde; im ersten Augenblick konnte er zu einiger Zögerung verleitet werden, aber ein so naher Seitenmarsch mußte ihm doch bald bekannt sein, und dann wird er diesen zu dem Maße seiner eigenen Bewegung machen.

Nun ist offenbar, daß ein Marsch ohne Arrieregardengefechte viel schneller sein kann; denn diese Arrieregarde muß ihre Bewegungen im Angesicht des Feindes mit einem großen Aufwande von taktischen faux frais machen, wodurch ihr Rückzug sehr aufgehalten werden muß; man kann aber seine Arrieregarde nicht alle Tage im Stich lassen, und so theilt sich diese Verzögerung nothwendig dem Ganzen mit.

Zwar hatte der Fürst Blücher beschlossen 12 Schwadronen unter dem Oberstlieutenant v. Sohr auf der Straße nach Laon folgen zu lassen, welche seine Avantgarde vorstellen sollten, aber diese wenige Kavallerie wäre nicht geeignet gewesen, die feindlichen Kolonnen lange und oft festzuhalten. Es wäre also für das Umgehen und Abbrängen von Paris wirksamer gewesen, wenn das vorderste Korps, also das erste, auf der Straße von Laon geblieben wäre und die Arrieregarde der feindlichen Korps immer mäßig gedrängt hätte, während das dritte und vierte Korps auf dem rechten Ufer der Oise gingen.

Daß man auf diese Weise das erste Korps in die Möglichkeit nachtheiliger Gefechte versetzte, ist nicht zu läugnen, aber diese Gefechte hätten sich reichlich vergolten durch den Zeitverlust, den der Gegner dabei erlitt; vielleicht war es dadurch allein möglich, an ein wirkliches Abbrängen von Paris zu denken.

2. Wenn man bedenkt, daß Grouchy sich des Morgens am 20. noch bei Namur schlug, während Blücher schon die Gegend bei Beaumont erreicht hatte, so meint man allerdings, das gerade Vordringen auf der Straße von Laon habe den

Marschall Grouchy von diesem Punkte und dann auch von Soissons und folglich von der Vereinigung mit der geschlagenen Armee diesseits Paris abdrängen müssen.

Nun kam zwar darauf nicht viel an, sondern der Hauptgegenstand wäre gewesen, Grouchy von Paris abzuschneiden, indessen war dies doch am ersten möglich, wenn man ihn schon von Soissons abschnitt.

Die Wahrheit zu sagen, so ist es niemals leicht, durch einen kleinen Vorsprung ein Korps von einem sehr großen Orte abzuschneiden und am wenigsten, wenn dieser Ort an einem oder mehreren Flüssen liegt. Dies ist bei Paris der Fall. Der bloße Blick auf die Karte zeigt, wie der beträchtliche Umfang dieser Stadt, die Kongruenz einer Menge schöner Chausseen und die Bodenabschnitte, welche die Marne und Seine bilden, einem zurückeilenden Korps immer noch Mittel geben, hinein zu kommen, wenn auch der Gegner einen oder selbst zwei Märsche früher die Barriere der Stadt auf dem nächsten Wege erreicht hat. Um einen Ort wie Paris völlig einzuschließen und also seinen Gegner ganz davon abzuhalten, dazu gehören mehrere Tage und eine sehr beträchtliche Macht, also das Abwarten aller anderen Kolonnen, weil man doch nicht mit allem auf der graden Straße und zur selbigen Stunde eintreffen kann.

Der Feldzug von 1814 giebt zwei Beispiele der Art. Die Marschälle Mortier und Marmont, welche den 26. März durch York und Kleist auf der Straße von la Ferté Gaucher abgeschnitten waren, erreichten Paris auf der von Provins, und Bonaparte selbst würde, als er von seinem Zuge nach St. Dizier zurückkam, nicht von Paris haben abgehalten werden können, wenn dies nicht unterdeß übergegangen wäre.

Es ist also sehr zweifelhaft, ob die Verbündeten, wenn sie vor Grouchy in Soissons angekommen wären, im Stande gewesen sein würden diesen General ganz von Paris abzudrängen, ja wir halten dies sogar für sehr unwahrscheinlich. Es kam dann auf ein weiteres Manövriren an, also auf einen Marsch auf Meaux, dann auf Melun u. s. w.

Aber so viel ist gewiß, daß, wenn man Grouchy von Soissons aus nicht von Paris abschneiden konnte, es noch viel weniger möglich war, wenn man ihn Soissons erreichen ließ. Folglich scheint die Hoffnung, durch den Seitenmarsch die feindlichen Korps ganz von Paris abzudrängen, an sich nicht auf einer recht klaren Vorstellung der Verhältnisse zu beruhen.

Aber je weniger das Abschneiden des französischen Korps von Paris überhaupt thunlich scheint, um so mehr muß die Schonung der eigenen Truppen wichtig werden, und so kann man wohl sagen, daß im Ganzen die für den Zug auf Paris gewählten Wege, auch selbst in diesem Augenblick, nachdem man alle Umstände kennt, nicht unzweckmäßig erscheinen.

55. Einrichtung des Marsches.

Das folgende Tableau giebt die Uebersicht des ganzen Zuges in seinen Hauptlineamenten:

Den	Erstes Korps.	Viertes Korps.	Drittes Korps.	Wellington.	Grouchy.
19.	Charleroy.	Fontaine l'Evêque.	St. Achtenrode.	Nivelles.	Wavre.
20.	Beaumont.	Colleret bei Maubeuge.	Gembloux.	Binche.	Dinant.
21.	Avesnes.	Landrecies.	Charleroy.	Malplaquet.	Philippeville.
22.	Etroeung.	Fesmy.	Beaumont.	Chateau Cambresis.	Rocroy.
23.			Avesnes.		Maubert Fontaine.
24.	Guise.	Bernoville.	Nouvion.		Rethel.
25.	Cerisy, zw. St. Quentin u. la Fère.	St. Quentin.	Homblieres.	Cambray.	
26.	Chauny, zw. la Fère u. Noyon.	Lassigny, zw. Noyon u. d. Straße v. Peronne u. Pont St. Maxence.		Peronne.	Soissons.
27.	Giloicourt (Gef. bei Compiègne).	Pont St. Maxence (Gef. bei Creil u. Senlis).	Compiègne.	Nesle.	Villers Cotterets.

Den	Erstes Korps.	Viertes Korps.	Drittes Korps.	Wellington.	Grouchy.
28.	Nanteuil (Gef. bei Villers Cotterets u. Nanteuil).	Marly la ville.	Crespy.	Orville.	Meaux.
29.	Aulnay.	Bourguet.	Dammartin.	St. Martin Langueaux.	Paris.
30.	Aulnay.	Gef. b. Aubervilliers u. St. Denis.	Auf dem Marsche nach St. Germain.	Louvres	
1.	Le Ménil unterhalb St. Germain.	Auf dem Marsche nach St. Germain.	St Germain (Gef. b. Versailles u. Marly).	Gonnesse.	
2.	Meudon (Gef. b. Sevres u. Issy.	Versailles	Plessis Piquet		
3.	Gefecht b. Issy.				
4.	Konvention zur Räumung von Paris.				

Aus dieser Uebersicht ergiebt sich:

1. daß die preußische Armee in zwei Kolonnen marschirte, die linke Flügelkolonne aus dem ersten, und die rechte Flügelkolonne aus dem vierten Korps bestehend, beide nur wenige Meilen auseinander, und daß das dritte Korps den beiden anderen als Reserve bald auf der einen, bald auf der anderen Straße folgte;
2. daß die Kolonne des linken Flügels bei Compiègne, die des rechten Flügels bei Pont St. Maxence und Creil über die Oise ging;
3. daß die Kolonne des linken Flügels auf Avesnes, Guise und la Fère stieß, wovon das erstere nach einem Bombardement von wenigen Stunden am 22. mit einer Besatzung von 1900 Mann, Guise am 24. ohne Beschießung mit einer Besatzung von 3500 Mann genommen wurde, la Fère aber einige Stunden vergeblich beschossen und dann durch ein Bataillon und eine Schwadron beobachtet wurde;
4. daß der Herzog von Wellington mit einer dritten Kolonne

über Cambray ging und bei Pont St. Maxence einen Tag später in den Weg des vierten Korps einfiel;
5. daß er auf die Festungen Cambray und Peronne stieß, welche, beide nicht sonderlich vertheidigungsfähig, von ihm nach einem leichten Sturm auf die Außenwerke genommen wurden;
6. daß der Marsch der preußischen Armee vom Schlachtfelde bis Paris 11 Tage dauerte und bis Gonnesse 36 Meilen betrug, daß also die Geschwindigkeit des Marsches allerdings sehr beträchtlich ist, was man auch daraus sieht, daß ihr nur ein Ruhetag gegeben wurde.
7. Was den Marsch Grouchys betrifft, so ist ungewiß, welchen Weg er von Rethel auf Soissons genommen hat. Dort vereinigte er sich am 26. mit den Ueberresten der geschlagenen Armee und trat dann seinen weiteren Rückzug nach Paris an, wobei er aber, wie wir später sehen werden, von der graden Straße abgedrängt wurde und über Meaux gehen mußte. Er war den 19. noch bei Wavre und traf den 29. in Paris ein. Er hat in diesen 10 Tagen etwa 50 Meilen zurückgelegt und mehrere Gefechte bestanden.

Während so die beiden verbündeten Heere in 3 Kolonnen nach Paris eilten, ließen sie einen Theil ihrer Macht zurück, um die nächsten Festungen zu belagern.

Nach der Uebereinkunft zwischen beiden übernahmen die Preußen die Belagerung aller Festungen an der Sambre und östlich dieses Flusses, die verbündete Armee aber die der westlich desselben gelegenen.

Der Fürst Blücher bestimmte dazu das zweite preußische Korps und das Korps der norddeutschen Bundestruppen unter dem Oberbefehl des Prinzen August Königl. Hoheit; der Herzog von Wellington 15,000 Mann unter dem Prinzen Friedrich der Niederlande Königl. Hoheit.

Nach dieser Entsendung von etwa 60,000 Mann blieben die Verbündeten zum Marsch gegen Paris, der Fürst Blücher etwa 70,000, der Herzog von Wellington etwa 60,000 Mann stark. Aber man muß freilich davon noch etwa 10,000 Mann abrechnen, welche jede dieser beiden Armeen als Garnisonen und zu anderen Bestimmungen zurückließ, so daß sie vor Paris nicht über 110,000 Mann stark angekommen sind.

Hätte dort noch der Fall einer zweiten Entscheidung vor Ankunft der übrigen Armeen eintreten können, so würden die beiden Feldherren Unrecht gehabt haben, so viel zurückzulassen, da sie nichts zwang so viel Festungen zu gleicher Zeit zu belagern oder einzuschließen, und 30= oder 40,000 Mann hingereicht haben würden, die, welche sich gerade auf den Verbindungslinien befanden, einzuschließen und die anderen zu beobachten. Allein man konnte mit Sicherheit voraussetzen, daß auch bei Paris an einen Widerstand im freien Felde oder gar an einen Rückstoß nicht zu denken sei, und im Fall man Paris zu stark besetzt fand, konnte man die Ankunft der andern Armeen abwarten. Es war also Zeitgewinn, sogleich einen beträchtlichen Theil der Truppen zurückzulassen, um mehrere Festungen zugleich belagern zu können und so früher in den eigentlichen Besitz des Landes zu kommen. Ohnehin durfte man von den Wirkungen des ersten Schreckens erwarten, daß sie manchen der Plätze früher öffnen würden.

Die auf dem Zuge nach Paris begriffene Armee traf zuerst wieder auf den Feind, als sie den 27. die Oise passirte.

Die Avantgarde des ersten Korps that dies Morgens um 3 Uhr bei Compiègne. Kaum war sie in diesen Ort, der auf dem linken Ufer liegt, eingerückt, als sie vom General Erlon angegriffen wurde. Es entstand ein unbedeutendes Gefecht. Da der französische General vermuthlich nur schwach und ohnehin zu spät gekommen war, so zog er bald von selbst ab und das erste Korps rückte gegen die Straße von Soissons nach Paris bis Gilocourt vor, indem es zugleich seine zweite Brigade, durch ein Dragonerregiment verstärkt, gegen Villers Cotterets vorschickte, um sich auf diesem Punkte der Straße zu bemächtigen und die französischen Korps, welche noch in Soissons sein möchten, von Paris abzuschneiden.

Das vierte Korps hatte Pont St. Maxence und auch die Brücke von Creil unbesetzt gefunden, doch war seine Spitze bei Creil auf ein schwaches feindliches Detaschement gestoßen, welches indessen gleich auswich.

Als die Avantgarde des vierten Korps in Senlis ankam, fand sie den Ort vom Feinde besetzt, man schlug sich eine Zeit lang darum und kam Abends 10 Uhr in dessen Besitz.

Alle diese Detaschements scheinen von der geschlagenen Armee gewesen zu sein, und in der That spricht ihre Schwäche, ihr geringer Widerstand, so wie die Versäumniß, die Oise zu besetzen, keineswegs für den Gedanken, daß diese Ueberreste sich noch in namhafter Stärke und in einem erträglichen Grade der Streitfähigkeit befunden haben.

Marschall Grouchy kommt den 27. Abends mit höchst ermüdeten Truppen mit dem vierten Korps in Villers Cotterets und mit dem dritten in Soissons an. Er verlegt seine Truppen in die nächsten Dörfer, um ihnen so schnell als möglich die nothdürftige Ruhe und Nahrung zu gewähren, und beschließt am Morgen um 2 Uhr den Marsch nach Nanteuil fortzusetzen. Da er in Villers Cotterets die Nachricht von dem Gefechte, welches bei Compiègne am Morgen stattgefunden hatte, erfahren haben muß, so war es sehr gewagt, den Marsch auf der Straße von Soissons nach Paris fortzusetzen; es wäre vernünftiger gewesen sich gleich über la Ferté Milon gegen Meaux zu wenden, denn er konnte bei Nanteuil auf 3 preußische Korps stoßen und im Angesichte von Paris zu Grunde gerichtet werden. Höchst wahrscheinlich hat ihn der Gedanke, mit seinen ermüdeten Truppen einen neuen Umweg auf sehr schlechten Wegen zu machen, zurückgeschreckt und die Hoffnung, noch auf der schönen graden Chaussee durchzukommen, angezogen. Er erreichte zwar seinen Zweck nicht, denn er mußte die Straße doch verlassen, aber er gerieth auch nicht wirklich in die Katastrophe, von der er bedroht wurde. Die preußischen Korps waren nämlich viel zu wenig gesammelt, um einen gemeinschaftlichen Anfall auf ihn zu richten.

General Pirch mit der zweiten Brigade war, wie wir gesagt haben, gegen Villers Cotterets detaschirt und langte in der Nacht vom 27. zum 28. um 1 Uhr bei Longpré, 1 Stunde von Villers Cotterets, an. Er ließ seine Truppen etwas ruhen und brach um 2 Uhr früh wieder auf. Er stieß zuerst auf einen Zug von 14 Geschützen und 20 Munitionswagen reitender Artillerie, die, von ihren Kantonnements Vivieres, Montgobert und Puiseur kommend, auf die Straße gelangen wollten, fast ganz ohne Bedeckung marschirten und daher gleich genommen wurden. Hierauf rückte General Pirch zum Angriff von Villers Cotterets selbst vor.

Grouchy sammelte, seine Truppen 9000 Mann stark (vermuthlich das Korps von Gérard), und leistete Widerstand. Von der andern Seite kam Vandamme mit dem dritten Korps von Soissons herbei. Ob nun gleich in diesem bei dem Gewahrwerden des Kanonenfeuers auf der Pariser Straße eine Art panischer Schrecken entstanden zu sein scheint, indem das Geschrei, man sei abgeschnitten, plötzlich den Entschluß veranlaßte, daß der größte Theil desselben seinen Weg über la Ferté Milon auf Meaux nahm, so gelang es doch Vandamme, mit etwa 2000 Mann auf der Straße vorzurücken und dem Marschall Grouchy zu Hülfe zu kommen. General Pirch war nur 5 schwache Bataillone, 5 Schwadronen und 13 Kanonen stark; General Zieten war mit dem größten Theile des ersten Korps auf dem Marsche von Gilocourt nach Crespy etwa 3 Stunden von ihm entfernt, also nicht nahe genug, um ihn zu unterstützen; Vandamme drang gegen seine linke Flanke vor, Grouchy manövrirte gegen seine rechte; unter diesen Umständen hielt General Pirch einen dreisten Angriff mit Recht für unzulässig und trat daher seinen Rückzug Anfangs auf dem Wege nach Compiègne an, von dem er sich später über Fresnoy gegen Crespy wandte.

General Zieten hatte seine Truppen noch nicht bei Crespy

beisammen und konnte daher nur mit der dritten Brigade und
der halben Reservekavallerie gegen die große Straße vorrücken,
als die französischen Korps dieselbe passirten. Das Dorf Le=
vignen, durch welches sie zogen, wurde beschossen und die Ar=
rieregarde nach Nanteuil verfolgt, wobei man 2 Kanonen nahm.

Die französischen Korps, vermuthlich nun benachrichtigt,
daß ein anderes preußisches Korps schon Tags vorher bei Creil
und Pont St. Maxence übergegangen sei, hielten es nicht für
gerathen, die Straße von Soissons nach Paris weiter zu ver=
folgen, sondern wandten sich links über Assy nach Meaux und
von da über Claye nach Paris, wo sie den 29. vermuthlich in
einem ziemlich geschwächten Zustande ankamen. Außer den 2
Geschützen nahmen die Preußen in diesen Tagen etwa 1000
Gefangene.

Am 29. befand sich also die preußische Armee vor Paris
mit dem rechten Flügel hinter St. Denis, mit dem linken an
dem Holze von Bondy. Die Armee des Herzogs von Welling=
ton sollte am 30. des Abends eintreffen, dann wollte der Fürst
Blücher mit der seinigen rechts abmarschiren, unterhalb St.
Denis irgendwo über die Seine gehen, um Paris auf der Süd=
seite einzuschließen, oder vielmehr zum Angriff desselben sich dort
aufzustellen.

Um indessen vom ersten Schrecken allen Nutzen zu ziehen,
sollte in der Nacht vom 29. auf den 30. ein Anfall auf die
feindliche Linie und Posten hinter dem Ourcq=Kanal mit einer
Brigade vom ersten und vierten Armeekorps versucht werden,
während die Korps zur Unterstützung nachrückten. Dieser Ver=
such fand statt und hatte ein lebhaftes Gefecht bei Aubervilliers
mit der Avantgarde des vierten Korps zur Folge; man fand
aber den Feind übrigens in guter Verfassung.

Da der Fürst erfahren hatte, daß Bonaparte seit der am
22. ihm abgenöthigten Entsagung in Malmaison privatisirte, so
erhielt der Major von Colomb den Auftrag, mit dem achten
Husarenregimente einen Versuch zu machen, ob er die Brücke
von Chatou an der Straße von St. Germain nach Paris

noch unabgebrochen fände und vielleicht bis zu dem nahe dabei liegenden Malmaison vordringen und Bonaparte aufheben könnte; fände er die Brücke bereits abgebrochen, so sollte er sich der von St. Germain bemächtigen. Die Brücke von Chatou war wirklich abgebrochen, dagegen kam die preußische Armee durch dies Detaschement in den Besitz der Brücke von St. Germain, welche eben hatte abgebrochen werden sollen und die für den Uebergang über die Seine wichtig war, weil man ihn um einen oder ein Paar Tage früher ausführen konnte.

Das dritte Armeekorps, welches den 30. Morgens 5 Uhr von Dammartin aufgebrochen und Mittags bei Gonnesse angelangt war, mußte gegen Abend seinen Marsch zur Umgehung von Paris fortsetzen, während das erste und vierte bis zum Einrücken der Wellingtonschen Armee dem Feinde gegenüber blieben. Es ging hinter St. Denis weg über Argenteuil nach St. Germain, wo es Morgens um 3 Uhr eintraf, nachdem es in weniger als 24 Stunden 7 Meilen zurückgelegt hatte. Es blieb bei St. Germain.

Der Oberstlieutenant von Sohr mit 6 Schwadronen von den brandenburgschen und pommerschen Husaren, etwa 600 Pferde stark, hatte die Bestimmung erhalten, über St. Germain und Versailles gegen die Straße von Orleans zu streifen. Er war vor dem dritten Korps über die Seine gegangen und befand sich in Versailles, als dieses Korps in St. Germain eintraf.

Das erste Armeekorps folgte Abends 11 Uhr dem dritten, passirte die Seine unterhalb St. Germain bei le Mesnil, wo es erst Abends 7 Uhr eintraf und blieb.

Das vierte Korps folgte am 1. Juli um 12 Uhr nach St. Germain, wo es erst in der Nacht eintraf.

Der Oberstlieutenant von Sohr hatte in Versailles gefüttert und sich mit seinem Detaschement einige Stunden verweilt. Die Franzosen, davon benachrichtigt, legten ihm in dem zwischen Versailles und Marly liegenden Gehölze einen Versteck von 2 Regimentern Kavallerie und etwas Infanterie. Als Oberstlieutenant von Sohr von Versailles gegen Mittag auf die

Straße nach Plessis Piquet vorrückte, traf er auf feindliche Dragoner, die vor ihm flohen; die Preußen folgten zu heftig bis in die Gegend von Plessis Piquet; hier wurden sie aber von 4 Regimentern unter dem General Excelmans angefallen und schon mit großem Verluste über Versailles zurückgetrieben, als sie jenseits dieses Ortes dem Versteck in die Hände fielen und gänzlich zerstreut wurden. Unter diesen Umständen war es zu verwundern, daß am andern Tage doch wieder ein Paar Hundert Pferde von dem Detaschement beisammen waren. Die Franzosen drangen in Folge dieses Gefechtes gegen Abend bis Marly vor, wo sie auf die neunte Brigade stießen, welche die Avantgarde des Thielemannschen Korps bildete, und mit derselben ein nicht bedeutendes Gefecht hatten.

Da der Oberstlieutenant Sohr nicht die Avantgarde eines Korps bildete und folglich nicht unterstützt wurde, sondern als ein eigentliches Streifkorps mehrere Meilen weit vorgeschoben war, so hätte er sich mit aller Vorsicht eines Parteigängers bewegen und am wenigsten in einem Orte wie Versailles füttern dürfen, wodurch er sein Dasein erst kund gegeben und die Pläne zu seiner Umzingelung veranlaßt hat.

Den 1. Juli sammelten sich also die drei preußischen Korps bei St. Germain, den 2. Morgens setzten sie sich in Marsch.

Das dritte Korps rückte über Versailles bis Plessis Piquet vor, ohne auf einen namhaften Feind zu stoßen.

Das erste Korps nahm seine Richtung auf Sevres; dieser Ort war stark besetzt, er wurde von der ersten Brigade angegriffen und mehrere Stunden herzhaft vertheidigt. Endlich als der General Zieten mit seinem rechten Flügel die Höhen von Meudon erreichte, mußte der Feind Sevres verlassen. Er zog sich auf Issy zurück. Die erste Brigade folgte über Moulineaux, wo sie ein zweites lebhaftes Gefecht hatte, nach Issy. Dieses Dorf wurde Abends 7 Uhr von der ersten Brigade angegriffen. Der Feind hatte es stark besetzt; die zweite Brigade mußte den Angriff der ersten unterstützen und das Gefecht dauerte dennoch bis gegen Mitternacht, worauf die Franzosen sich zurückzogen.

Aber schon Morgens um 3 Uhr kehrten die Faanzosen in 2 Kolonnen von Vaugirard und Montrouge unter Vandammes Anführung zum Angriff auf Issy zurück. Es entstand wieder ein Kampf von mehr als einer Stunde um den Besitz des Dorfes, der aber für die Franzosen vergeblich war. Die erste und zweite Brigade hielten sich, und die Franzosen zogen sich in ihre Stellung hinter Vaugirard und Montrouge zurück.

Da an demselben Tage die Konvention von St. Cloud geschlossen wurde, so war dies der letzte kriegerische Akt.

56. Zustand von Paris.

Paris befand sich in einem seltsamen Zustande.

Am 21. war Bonaparte angekommen und im Elisé abgestiegen.

Er ließ seine Minister rufen, um sich über die Lage der Angelegenheiten zu berathen. In dieser Berathung erhält er eine Deklaration der Deputirtenkammer, in welcher sie, durch Bonapartes Bülletin von den Angelegenheiten in Kenntniß gesetzt, sich en permanence erklärt und die Minister auffordert, sich unverzüglich in ihre Mitte zu begeben. Bonaparte erkennt sogleich, daß sich ein Abgrund vor seinen Füßen öffnet, und auf der Stelle scheint ihm der Geist gelähmt und der Muth gebrochen. Er ist nicht mehr der rücksichtslose Soldat des Vendemiaire und Brumaire, der nichts verlieren und alles gewinnen kann, der dreist mit dem Schwerte in die politischen Faktionen hineinschlägt und einen Volksaufstand, eine Deputirtenkammer wie einen Vorposten zerstreut oder aufhebt; schon hat sich von den tausend Gegengewichten, die den aus einer festen Ordnung der Dinge hervorgehenden und auf sie gestützten Fürsten oder Feldherrn in seinem Handeln stets in einer vielfach abgeglichenen und ermäßigten Bahn halten, von diesen tausend Gegengewichten hat sich eins der größten auch für ihn gefunden, es ist die Rücksicht auf seinen Sohn und seine Dynastie. Frank=

reich war nicht rein bourbonisch, und auch Paris war es nicht. Die Partei, welche sich in den Kammern regte, war die Partei der Republikaner und Revolutionsmänner. Lafayette war der Rädelsführer und viele andere aus jener Zeit bekannte Namen fanden sich unter ihnen. Bonaparte knüpfte daran die Hoffnung, die jetzt gegen ihn auftretende Partei mit einer Entsagung zum Besten seines Sohnes zu befriedigen. Er dachte sich, daß die mannichfachen revolutionären Interessen der sich erhebenden Partei Energie und eine bestimmte Richtung gegen die Bourbons geben würden und daß, wer auch die Führer der Angelegenheiten werden sollten, diese Führer in jedem Fall für die ganze Nation ein neuer Mittelpunkt des politischen Widerstandes gegen den Willen der verbündeten Mächte werden könnten.

Daß dies wie ein halber Traum betrachtet werden muß, versteht sich von selbst; auch ist Bonaparte selbst nichts weniger als in innerer Harmonie mit diesem Gedanken, sondern er ahnet zwischendurch, daß die Faktionen, die sich erheben, auch den letzten Widerstand Frankreichs vernichten und den ihm so verhaßten Umschwung nur beschleunigen werden. Aber jene Möglichkeit hält ihn doch ab, ein Paar Hundert seiner Getreuen zu sammeln und einen gewaltsamen Schritt gegen die Kammern zu thun, und bestimmt ihn, nach einigem vergeblichen Widerstreben in die Abdankung zu willigen.

Nachdem er zuerst seinen Minister Regnauld, dann seinen Bruder Lucian in die Deputirtenkammer geschickt und sie zu beschwichtigen vergeblich versucht hat, da die Kammer immer mehr mit der Sprache hervortritt, da sie ihm zuletzt nur noch eine Stunde Bedenkzeit läßt, zwischen Abdankung und Absetzung zu wählen, da erst Regnauld, dann Bassano und Caulaincourt, zuletzt Joseph und Lucian ihm zum Nachgeben rathen, unterzeichnet er etwa nach 12 Stunden dieses Kampfes den 22. Morgens seine Abdankung zum Besten seines Sohnes.

Nun wird von beiden Kammern eine Regierungskommission von 5 Mitgliedern ernannt, wozu die zweite Kammer

Quinette und Caulaincourt, die erste Carnot, Fouché und Grenier wählte. Fouché wurde Präsident dieser Kommission.

Der innere Kampf der Faktionen war durch diese Abdankung Bonapartes zum Besten seines Sohnes keineswegs gelöst.

Die wahren Anhänger der Bourbons waren ganz gegen die Anerkennung des Sohnes, die Republikaner und Revolutionsmänner waren damit auch nicht ganz einverstanden; eine dritte Partei aber, deren Haupt Fouché war, welche zwar die Bourbons wollte, aber bedingungsweise, sah diese Form der Abdankung gleichfalls als ein großes Hinderniß der Ausgleichung an. Indessen hatten alle drei verschiedene Absichten, kein Vertrauen zu einander, konnten also keine Einheit bilden, und, was die Hauptsache ist, sie fürchteten sämmtlich die Ueberreste der Bonapartischen Partei, die in Paris selbst immer noch nicht ganz unbedeutend war und in den Truppen, so wie in der bewaffneten Macht der Vorstädte eine mächtige Stütze finden konnte. Dies veranlaßte, daß die Widersprüche, welche sich sogleich gegen Napoleon II. erhoben, unterdrückt wurden und daß man die Sache lieber in einer Art von Ungewißheit ließ. Fouché und seine Partei, welche die eigentlichen Führer waren, fanden in diesem Zustande einer unentschiedenen Krisis immer noch Mittel genug, die Sachen zu ihrem Ziele zu führen.

Fouché war Regierungspräsident; er war in geheimer Verbindung mit Wellington und den Bourbons und außerdem seiner Persönlichkeit und seinen früheren Verhältnissen nach zu der wirksamsten Rolle geeignet; er war also als das Haupt der Regierung zu betrachten, aber freilich durch die übrigen Mitglieder der Regierungskommission, so wie durch die Kammern argwöhnisch beobachtet, in seinem Handeln sehr gebunden und auf die Wege der Intrigue und der Verstellung beschränkt. Nächst ihm war in diesem Augenblick Davoust als die bedeutendste Person zu betrachten. Er war Kriegsminister und wurde, da Soult und Grouchy es ablehnten, zum Chef der

Armee ernannt; ferner war er ganz der Ansicht Fouchés, also derjenigen, welche die Wahrscheinlichkeit des Erfolgs am meisten für sich hatte. Beide vereinigt haben hauptsächlich die Konvention vom 3. Juli herbeigeführt.

Betrachtet man diesen Zustand der Parteiung in Paris und die Natur derjenigen Autorität, welche die Regierung bildete, zu der Zeit, als die flüchtige Armee dahin zurückkehrte und die verbündeten Feldherren, derselben auf dem Fuße folgend, vor den Barrieren erschienen: so begreift man, wie schwer es sein mußte, an einen geordneten Widerstand, an eine erschöpfende Anwendung der noch vorhandenen Mittel zu denken, und darum haben wir es nothwendig gefunden, einen Augenblick dabei zu verweilen.

Bonaparte privatisirte nun im Elisé vom 22. bis 25. in öden, verlassenen Räumen, nur von ein Paar Freunden umgeben und von einer einzelnen Schildwache aus einem Korps alter Grenadiere beschützt. Natürlich mußte seine Nähe die Besorgniß von Unruhen erwecken, die entweder für oder gegen ihn entsponnen werden und zu einer Katastrophe führen konnten; die Regierungskommission nöthigte ihn daher sich am 25. nach Malmaison zu begeben, um dort die für ihn zur Reise nach Amerika bei Lord Wellington nachgesuchten Pässe zu erwarten.

Die Regierungskommission sandte nun die bekannte Gesandtschaft von Lafayette, Sebastiani, Benjamin Constant, Pontecoulant, d'Argens und Laforest in das Hauptquartier der Verbündeten, um die Absetzung Bonapartes anzuzeigen und Waffenstillstand zu begehren. Das Bestreben dieser Herren und aller Parteien in Paris war, die Einnahme von Paris zu verhüten, theils um dadurch manchen Opfern, manchen Gefahren vorzubeugen, theils um diesen Kern des Widerstandes in den Unterhandlungen immer noch als ein Gewicht benutzen zu können, welches bessere Bedingungen verschaffte, von welcher Art am Ende auch die Uebereinkunft sein mochte.

Selbst Fouché und Davoust hatten Anfangs wohl diese

Ansicht; wie sie aber die Gefahr einer Explosion der anders Gesinnten immer drohender werden sahen, wie die Armee angelangt war und aus dieser immer noch ein Bonapartischer Geist ihnen entgegentrat und ein Haß der Bourbonen, der sich nicht undeutlich auch gegen sie als ihre heimlichen Werkzeuge aussprach, da suchten sie selbst die Uebergabe von Paris und die Entfernung des Heeres hinter die Loire nach Möglichkeit zu befördern.

Auch die Entfernung Bonapartes lag ihnen sehr am Herzen. Am 28., als Dieser das Kanonenfeuer hörte, welches die Gefechte bei Villers Cotterets veranlaßten, gerieth er sehr natürlich in einen Zustand der Exaltation; die ganze Leidenschaft des Krieges und der Schlachten erwachte wieder und trieb ihn der Regierungskommission als General seine Dienste anzubieten. Er vermochte den General Becker, welcher ihm zur Beobachtung beigegeben war, selbst nach Paris zu eilen, diesen Antrag zu überbringen und ließ unterdessen schon die ihm übrig gebliebenen wenigen Pferde satteln. Aber sein Antrag wurde von Fouché und Davoust wie eine Verspottung aufgenommen. Beide sahen, daß es die höchste Zeit sei, ihn zu entfernen, wenn man nicht Gefahr laufen wollte, ihn plötzlich wieder auftreten zu sehen. Dazu kam, daß der Entwurf Blüchers, ihn in Malmaison aufheben zu lassen, bekannt wurde, was ihm selbst etwas mehr Lust einflößte, seine Abreise anzutreten. So erfolgte diese den 29. Nachmittag um 5 Uhr unter Begleitung des General Becker nach Rochefort, wo für seine Einschiffung nach Amerika die erste Gelegenheit ergriffen werden sollte.

Die ins Hauptquartier der verbündeten Feldherren abgesandte Kommission wurde am 26. in das Hauptquartier der Monarchen gewiesen, der Waffenstillstand abgeschlagen, und so vor der Hand der Weg der Unterhandlung abgeschnitten.

Für die Anordnung des Widerstandes geschah nun in den 8 Tagen zwischen derjenigen Ankunft Bonapartes und der der geschlagenen Armee vom 22. bis 29. nichts Großes, nichts, was zu einer wesentlichen Veränderung hätte führen können. Man ließ die vorhandenen Geschütze in die Verschanzungen führen und zog die nächsten Depots an sich; man liest aber nirgends, daß in dieser Zeit neue, bedeutende Bewaffnungen angeordnet oder an den Verschanzungen der Hauptstadt mit Macht gearbeitet worden wäre.

Am 28. trafen die Korps der Hauptarmee, jetzt sämmtlich unter Reilles Anführung, am 29. die unter Grouchy ein. Die Preußen folgten nicht nur auf dem Fuße, sondern erschienen, wie wir gesehen haben, schon den folgenden Tag am 30. bei St. Germain auf dem linken Ufer der Seine, um Paris an seiner unverschanzten Seite zu bedrohen. Die französische Armee mußte sich also sogleich theilen und mit einer Hälfte die Stellung auf der Südseite beziehen.

Wir haben keine klaren und bestimmten Nachrichten über die Verschanzungen, welche zur Sicherung der Hauptstadt angelegt waren; sie befanden sich hauptsächlich nur auf der Nordseite; das Hauptwerk von ihnen war der Montmartre wie im Jahre 1814, nur diesmal vollständiger ausgeführt; von da lief die Linie gegen Vincennes. St. Denis wurde als ein vorgeschobener Posten betrachtet. Einige Nachrichten sprechen von der festungsähnlichen Stärke dieser Verschanzungen, andere, namentlich das Urtheil der in Paris ernannten Kommission, halten sie für unzulänglich. Wir wollen uns mit folgenden keinem Zweifel unterworfenen Datis begnügen.

1. Der Raum, welcher auf der nördlichen Seite gedeckt werden mußte, betrug von der Seine bei Charenton bis wieder zur Seine bei Chaillot 2 deutsche Meilen, ohne auf St. Denis Rücksicht zu nehmen. Sollte die Vertheidigungslinie zwischen la Villette und St. Denis gehalten werden, so betrug dieser Raum nicht weniger.

2. Soult erklärt in einem Kriegsrathe, welchen die Regierungskommission am 30. hielt, daß seit die Preußen Aubervilliers genommen hätten, es selbst auf dem rechten Seineufer sehr gefährlich sei an eine Vertheidigung zu denken, weil, wenn die Linie des Kanals, welche St. Denis mit la Villette verbin=

det, durchbrochen sei, der Feind pêle-mêle mit den französischen Truppen in die Barriere von St. Denys hineindringen könne. Dies deutet doch in keinem Falle auf eine festungsähnliche Stärke des Ganzen.

3. Alle Stimmen sind darin einig und wir haben uns selbst davon überzeugt, daß die Werke auf dem linken Ufer für sehr unbedeutend zu halten waren. Das Dorf Montrouge war zur Vertheidigung flüchtig eingerichtet und hätte, da es steinerne Häuser und Mauern hatte, allerdings außerordentlichen Widerstand leisten können. Nun liegt es grade vor der Mitte der südlichen Seite; es hätte also wohl ein Gegenstand des Hauptangriffs werden können und würde dann ungeheuer viel Blut gekostet haben. Aber ein solcher Punkt kann doch nicht eine halbe Meile rechts und links sichern, und am Ende würde man doch dahin gekommen sein, einzusehen, daß man Paris haben kann ohne Montrouge, so gut wie ohne den Montmartre, und in diesem Falle waren die Franzosen also blos auf eine Vertheidigung à force de bras ohne namhaften Schutz beschränkt.

4. Der Raum auf der südlichen Seite von der Seine bis wieder zur Seine, welcher fast ohne alle Verschanzung, also blos durch hinreichende Truppen beschützt werden sollte, betrug 5000 Toisen, also fast anderthalb Meilen.

Die französische Armee hatte mithin eine Linie von 13,000 Toisen oder 39,000 Schritt, die theils gar nicht, theils unvollkommen verschanzt war, zu besetzen. Man muß sagen, daß dieses Resultat der fortifikatorischen Anlagen keine sonderliche Zuflucht und Stütze für eine zertrümmerte Armee war.

Die französische Armee war mit 20,000 Mann Depots, welche herangezogen waren, 60,000 Mann stark; dazu kamen 20,000 Mann der bewaffneten Vorstädter, die aber gewöhnlich als die Besatzung von Paris selbst gerechnet wurden. Die Verschanzungen waren größtentheils mit eisernen und anderen unbespannten Geschützen besetzt, die in Paris vorhanden waren; für die Verschanzungen hat es also an dieser Waffe vielleicht nicht gefehlt; aber an Feldartillerie zogen nicht mehr als 70 Geschütze mit der Loire=Armee aus; dies ist offenbar sehr wenig und schon für die südliche Seite, wo man sich doch fast wie im freien Felde schlagen sollte, viel zu wenig, um an einen wirksamen Widerstand zu glauben. Was wollen 70 Geschütze sagen, die auf anderthalb Meilen vertheilt sind?

Die verbündeten Heere kamen, wie wir schon früher gesagt haben, Wellington mit etwa 50,000, Blücher mit 60,000 Mann vor Paris an; also fast mit dem Doppelten von dem, was ihnen die Franzosen vor Paris entgegenstellen konnten. Aber das Schlimmste war, daß die Letzteren niemals wissen konnten, nach welchem Verhältniß sich die Macht der Verbündeten auf den beiden Ufern der Seine vertheilen werde, und daß sie genöthigt waren ihre Verschanzungen auf dem rechten Ufer immer mit einer namhaften Truppenmasse zu besetzen. Wellington hatte eine Brücke bei Argenteuil und einen Posten bei Courbevoie, er war also mit Blücher in ungestörter Verbindung, und da die Gegend wegen des starken Anbaues sehr durchschnitten ist, so konnten die Franzosen niemals wissen, wieviel von seinen Truppen sich rechts auf das linke Ufer der Seine gezogen haben werde. Es war also leicht möglich, daß, während die Franzosen 20,000 Mann in ihren Verschanzungen lassen mußten, um mit 40,000 Mann und 70 Kanonen in der Ebene von Montrouge eine Schlacht anzunehmen, sie hier von 80,000 Mann mit 300 Kanonen angegriffen werden konnten. Das versprach kein günstiges Resultat. Uebrigens ist es bemerkenswerth, daß am 1. Juli Davousts Hauptquartier noch in la Villette war, denn der letzte Kriegsrath wurde daselbst in der Nacht vom 1. zum 2. gehalten; es muß also damals auch noch der größere Theil der französischen Armee sich auf der Nordseite befunden haben.

Nachdem wir diese Verhältnisse auseinander gesetzt haben, wollen wir den Beschluß des letzten Kriegsraths wörtlich mittheilen; er wird nun einleuchtender erscheinen und zugleich das Resultat unserer Betrachtungen in einen Punkt sammeln.

Er wurde unter dem Vorsitze Davousts gehalten und bestand aus allem, was sich damals an Offizieren von ausgezeichnetem Rufe in Paris befand, namentlich den Marschällen Massena, Lefevre, Soult, Grouchy, den Generalen Carnot, Grenier und vielen Anderen.

QUESTIONS

posées par la commission du gouvernement au conseil de guerre assemblé à la Vilette le 1ᵉʳ Juillet 1815.

1. Quel est l'état des retranchemens élevés pour la défense de Paris?

Réponse. L'état des retranchemens et de leur armement sur la rive droite de la Seine, quoique incomplet, est en général assez satisfaisant. Sur la rive gauche les retranchemens peuvent être considérés comme nuls.

2. L'armée pourroit-elle couvrir et défendre Paris?

Réponse. Elle le pourroit, mais non pas indéfiniment. Elle ne doit pas s'exposer à manquer de vivres et de retraite.

3. Si l'armée étoit attaquée sur tous les points, pourroit-elle empêcher l'ennemi de pénétrer dans Paris d'un côté ou d'un autre?

Réponse. Il est difficile que l'armée soit attaquée sur tous les points à la fois, mais si cela arrivoit, il y auroit peu d'espoir de résistance.

4. En cas de revers le général en chef pourroit-il réserver ou recueillir assez de moyens pour s'opposer à l'entrée de vive force?

Réponse. Aucun général ne peut répondre des suites d'une bataille.

5. Existe-t-il des munitions suffisantes pour plusieurs combats?

Réponse. Oui.

6. Enfin peut-on répondre du sort de la capitale et pour combien de temps?

Réponse. Il n'y a aucune garantie à cet égard.

Signé: le Maréchal Ministre de la guerre
Prince d'Eckmühl.

Ziehen wir aus allem diesen unsere Folgerung, so ist sie:

1. Eine Vertheidigungsschlacht unter den Mauern von Paris anzunehmen, war den Franzosen zwar nicht geradezu unmöglich, aber sie wäre doch höchst wahrscheinlich verloren gegangen, und dann war immer zu fürchten, daß man sich viel schlimmeren Bedingungen würde unterwerfen müssen.

2. Selbst wenn die Schlacht gewonnen, b. h. der Angriff zurückgewiesen wurde, so gab das nichts als eine kurze Frist von einigen Wochen bis zur Ankunft der anderen Heere; diese Frist führte aber zu keinem andern Ausgange, zu keiner andern Wendung der Angelegenheiten, weil nirgends großartige Anstalten zur Organisation eines andern Widerstandes getroffen wurden und bei dem Zustande der Regierung getroffen werden konnten; es wäre also rein für die Ehre der Waffen geschehen, wenn die Franzosen sich geschlagen hätten.

3. Ein Angriff auf die preußische Armee in ihrer Stellung zwischen Meudon und Plessis Piquet würde, wenn er unerwartet kam, vielleicht mehr Vortheile versprochen haben, allein die Stellung war an und für sich von sehr großer Stärke; es würde also schwer gewesen sein, einen Feind darin zu überwältigen, der immer um ein Namhaftes überlegen war.

Wäre aber auch eine Art von Sieg erfolgt, so führte dieser wieder zu gar keinem Resultate, denn die Franzosen mußten entweder nach Paris zurück oder sich an die Loire wenden; im letzteren Falle würde dieser Marsch selbst zu einer Art von Flucht geworden sein.

Man sieht also, daß die in Paris eingeschlossene Armee im Grunde jeder Bedingung unterworfen und folglich auch zum

Niederlegen der Waffen gezwungen werden konnte, wenn man ihr den Abzug durchaus versagt hätte.

Aber dieses Resultat wäre auch wieder nur im Interesse des Waffenruhms gewesen, denn auf den Frieden und seine Bedingungen konnte ein solches Ereigniß nach den bestehenden Verhältnissen keinen Einfluß mehr haben.

Dagegen konnte die Beschleunigung der Uebergabe der Hauptstadt eine Beschleunigung des Falles der einen oder andern Festung herbeiführen und der Besitz der Festungen war aus dem Gesichtspunkte der Garantie von großer Wichtigkeit.

So vereinigte sich das Interesse beider Theile zum Abschluß der Konvention, welche den 3. zu St. Cloud zwischen den Kommissarien der beiden verbündeten Feldherren und der Stadt Paris zu Stande kam, wonach ein Waffenstillstand eintrat, die französische Armee die Stadt übergab und nach der Loire abzog. Sie trat ihren Marsch den 4., 5. und 6. an, den 7. rückte das erste preußische Korps und den 8. traf Ludwig XVIII. daselbst ein.

57. Vorrücken der übrigen Armeen in Frankreich.

Die Armee am Oberrhein unter Schwarzenberg stand Mitte Juni: Wrede von Mannheim bis Kaiserslautern, der Kronprinz von Würtemberg hinter dem Rhein bis Bruchsal, die Oesterreicher unter Colloredo, Hohenzollern und Erzherzog Ferdinand zwischen dem Bodensee und Basel.

Auf die Nachrichten von den Begebenheiten in den Niederlanden setzte sich den 23. Juni die oberrheinische Armee in Bewegung; Wrede passirte an diesem Tage bei Saarbrück und Saar-Gemünd nach einem leichten Gefechte die Saar und der Kronprinz von Würtemberg bei Germersheim den Rhein. Den 25. Juni gingen die österreichischen Korps bei Basel über.

Wrede schlug den Weg auf Nancy ein; der Kronprinz von Würtemberg wandte sich den Rhein aufwärts gegen Straßburg. Eins der österreichischen Korps unter Colloredo trieb Le Courbe vor sich her und ging auf Belfort, das andere unter Hohenzollern den Rhein hinunter gleichfalls gegen Straßburg und die Reserve unter dem Erzherzoge Ferdinand auf Nancy.

Am 28. Juni liefert der Kronprinz von Würtemberg dem General Rapp bei Straßburg eine Art von Treffen, worauf Dieser sich in die Festung hineinzieht und der Kronprinz sie einschließt.

Ende Juli kommt die russische Armee unter General Barklay am Rhein an.

Gegen Ober-Italien fingen die Franzosen unter dem Marschall Suchet gleichfalls am 15. Juni die Feindseligkeiten an und suchten die Alpenpässe vor den Oesterreichern zu erreichen; Diese kamen ihnen aber zuvor und drangen vereint mit den Sardiniern, 50- bis 60,000 Mann stark, unter Frimonts Oberbefehl in 2 Kolonnen in Savoyen ein, während eine dritte, von sardinischen Truppen gebildet, in der Grafschaft Nizza gegen Marschall Brune vorging.

Die rechte Flügelkolonne unter Frimonts persönlicher Anführung ging über den Simplon und drang über Meillerai, Genf, Fort de l'Écluse, Bourg en Bresse nach Macon vor. Die unter Bubna ging über den Mont Cenis, Montmeillan, les Échelles und Lyon.

Grenoble fiel schon den 3. Juli und beide Kolonnen erreichten die Saone den 10. Juli nach mehreren hartnäckigen Gefechten mit den Truppen unter Marschall Suchet.

58. Die Eroberung der Festungen.

Prinz Friedrich der Niederlande nahm Valenciennes, le Quesnoy und Condé.

Unter dem Oberbefehl Seiner Königlichen Hoheit des Prinzen August wurden vom zweiten preußischen Armeekorps Maubeuge, Landrecies, Marienburg, Philippeville, Rocroy, Givet, jedoch ohne Charlemont, genommen; vom norddeutschen Korps unter Befehl des Generals von Hake Charleville, Mezières, Montmedy und Sedan; von der Besatzung von Luxemburg unter Befehl des Prinzen Louis von Hessen-Homburg Longwy.

Die meisten dieser Eroberungen geschahen mehr in Folge der Einschließungen als der eigentlichen Belagerung, und wo diese eintrat, dauerte sie nur einige Tage. Es fehlte diesen Plätzen durchgehends an den gehörigen Besatzungen und Ausrüstungsmitteln.

Mit dem 20. September traf der Befehl ein, in diesen Unternehmungen nicht weiter vorzuschreiten, so daß die übrigen Plätze durch politische Unterwerfung an Ludwig XVIII. übergingen, die eroberten aber als die Sicherheitsplätze für die Occupationsarmee betrachtet wurden.

www.ingramcontent.com/pod-product-compliance
Lightning Source LLC
Chambersburg PA
CBHW030442300426
44112CB00009B/1121